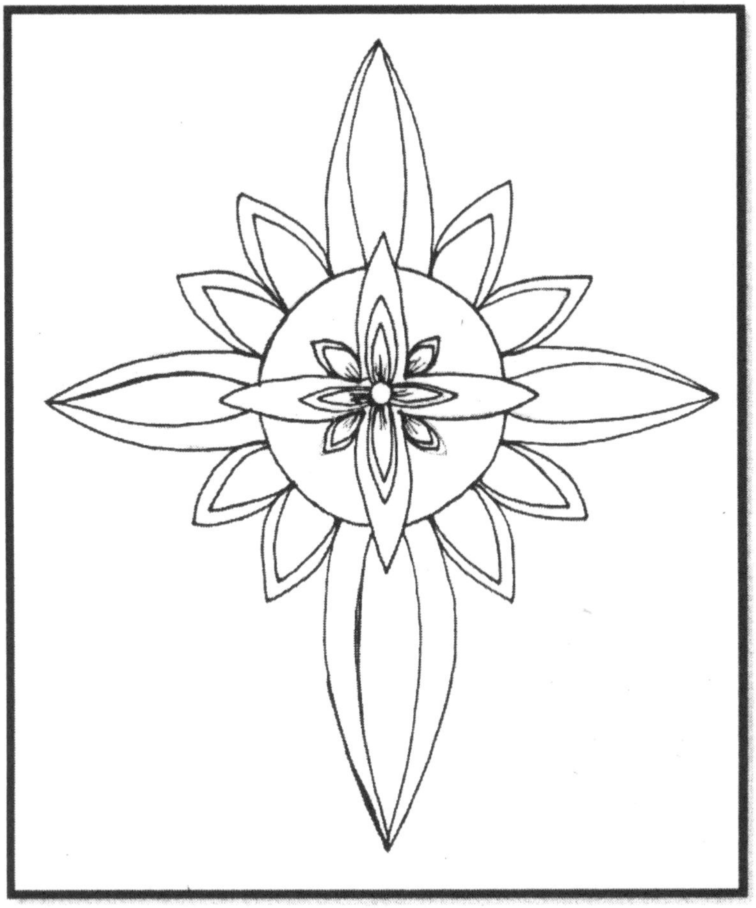

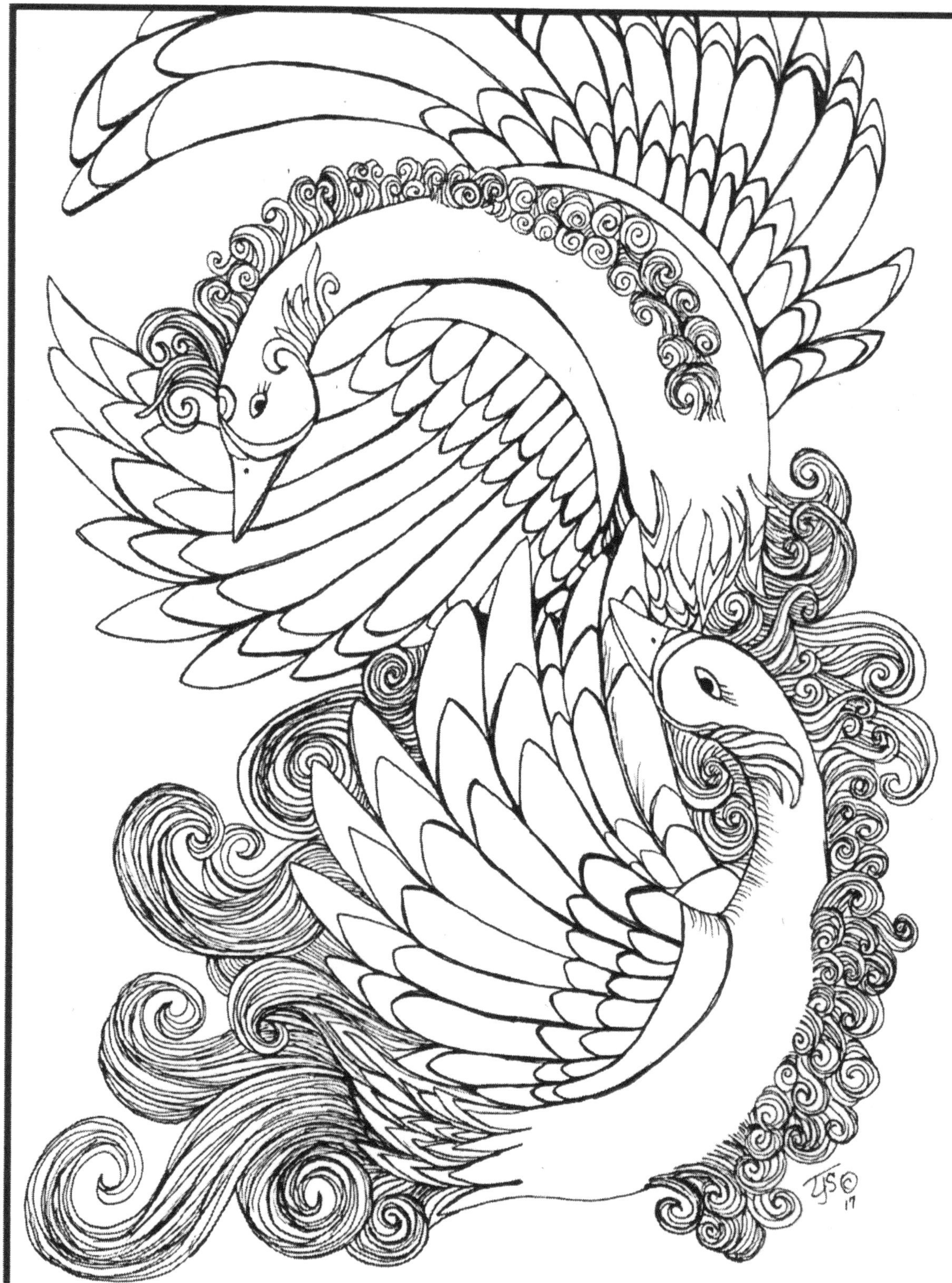

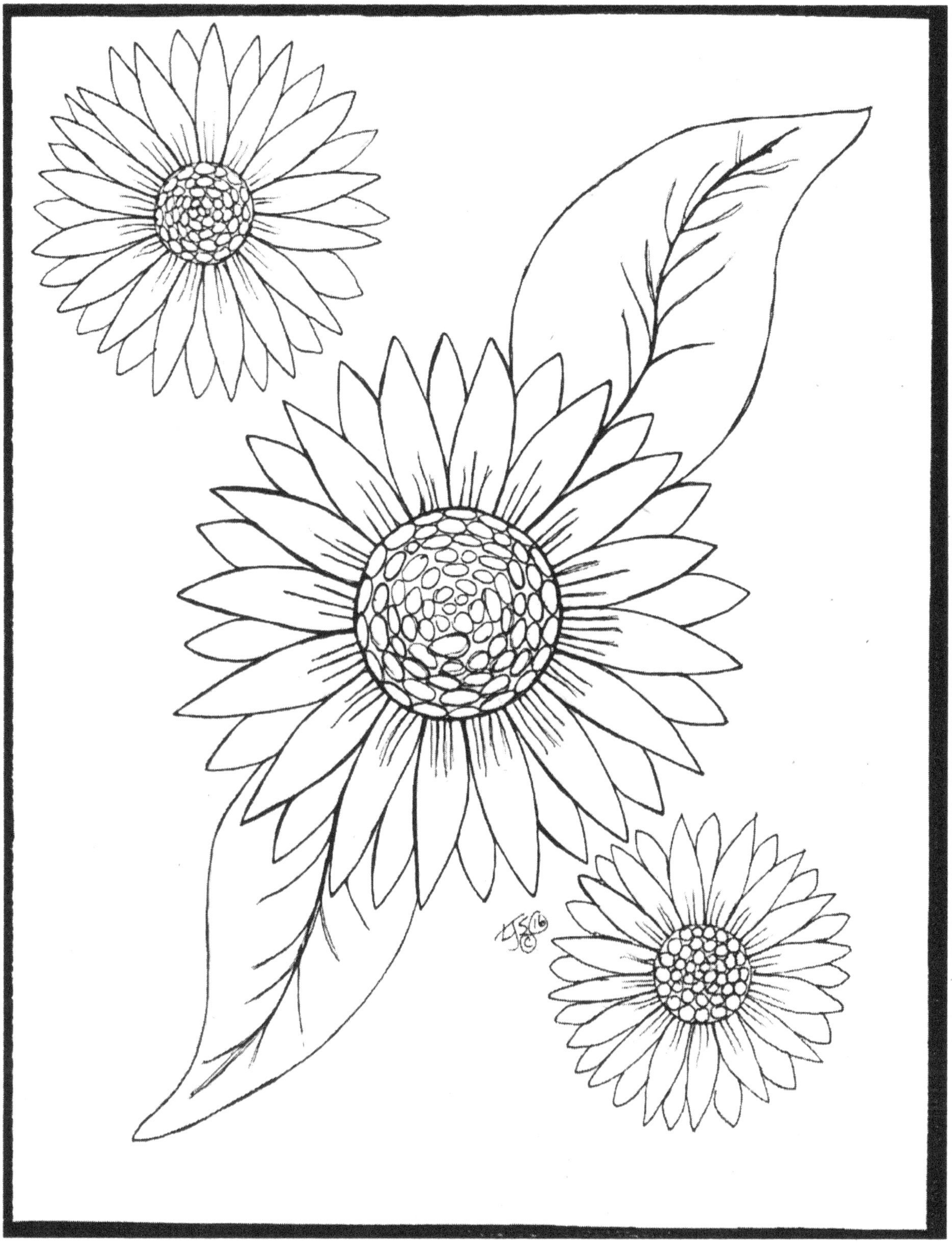

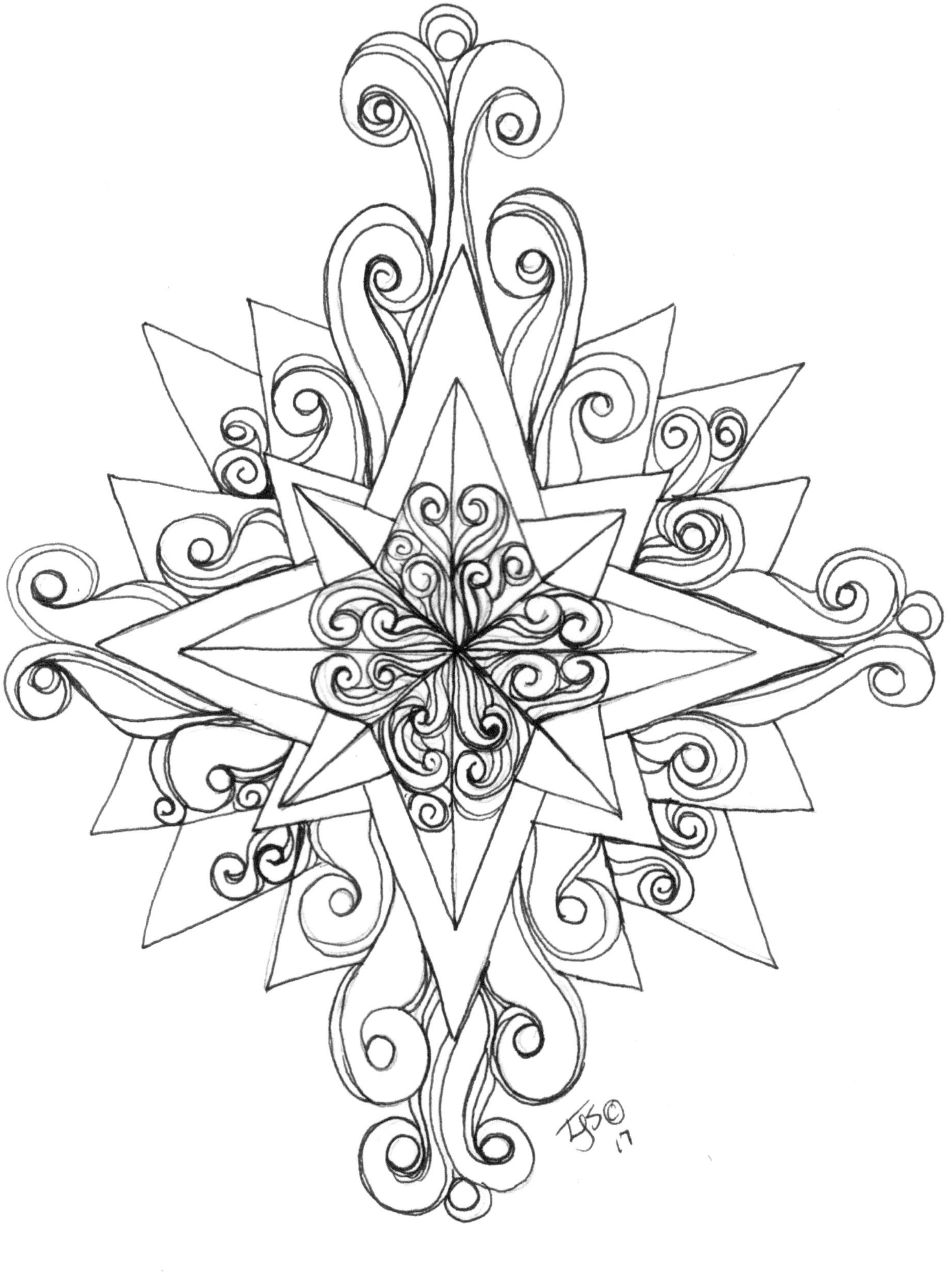

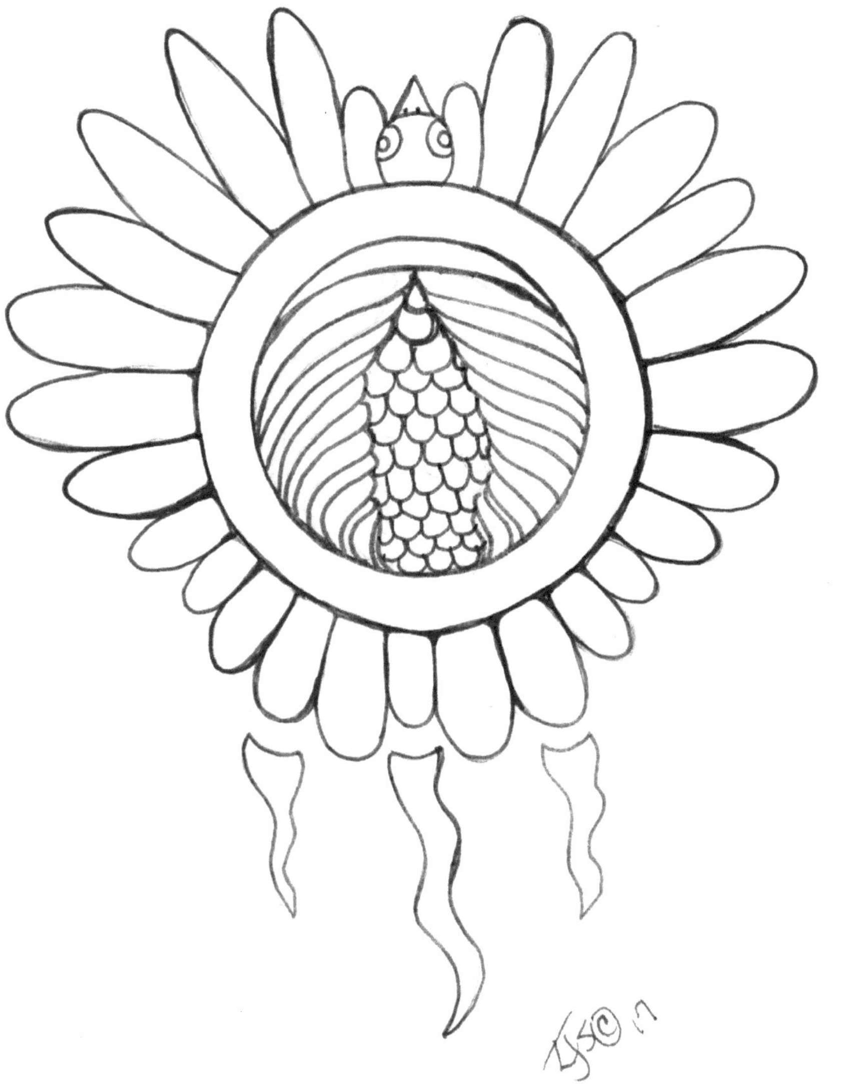

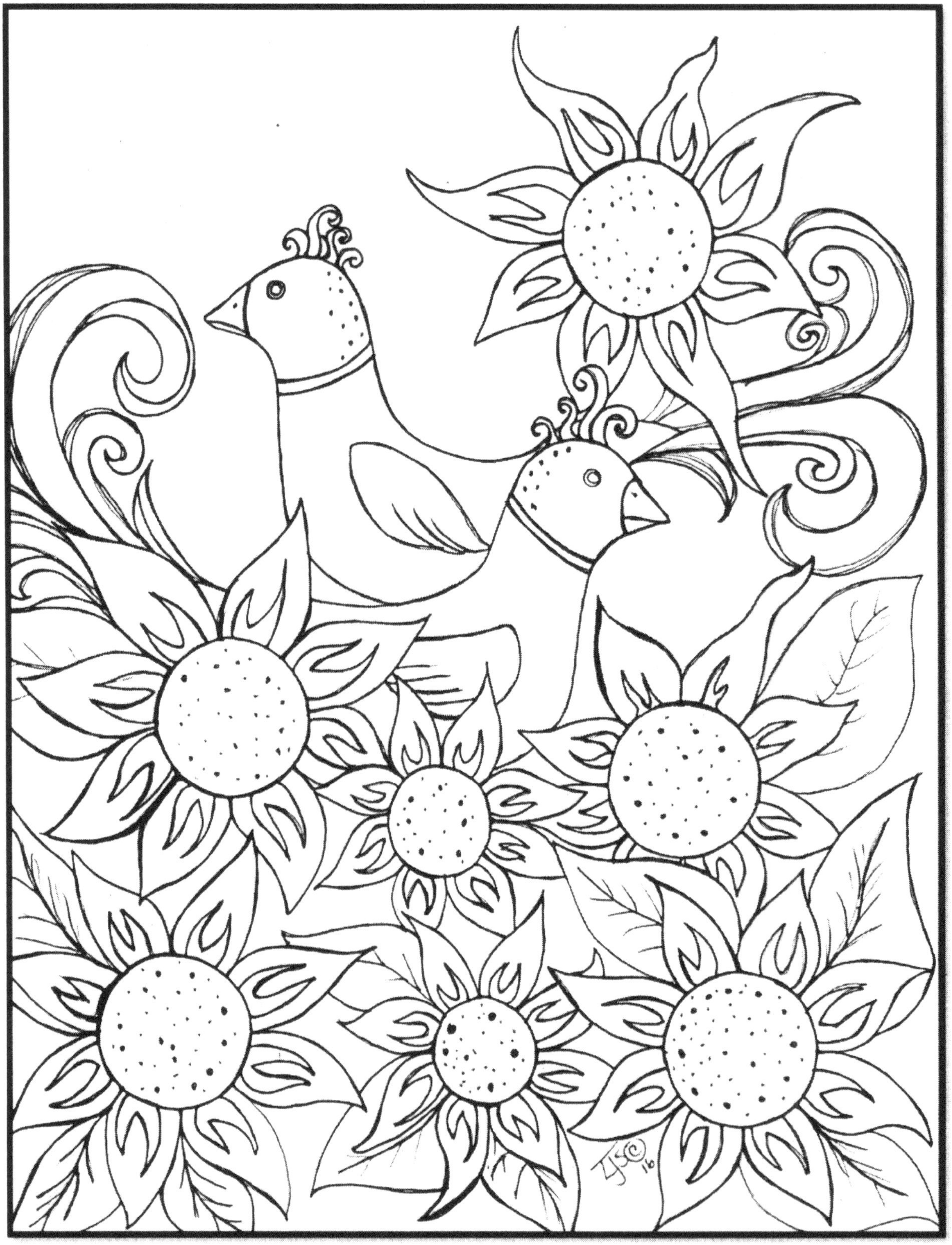

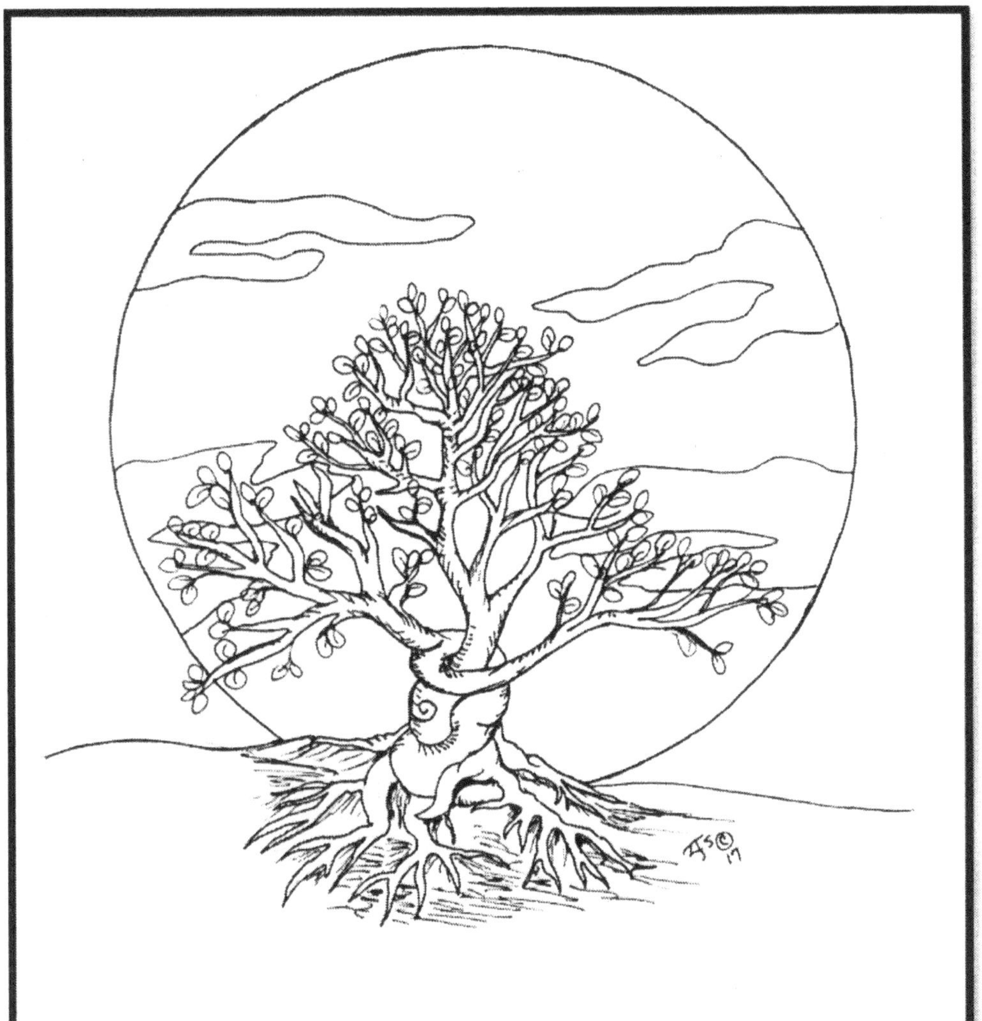

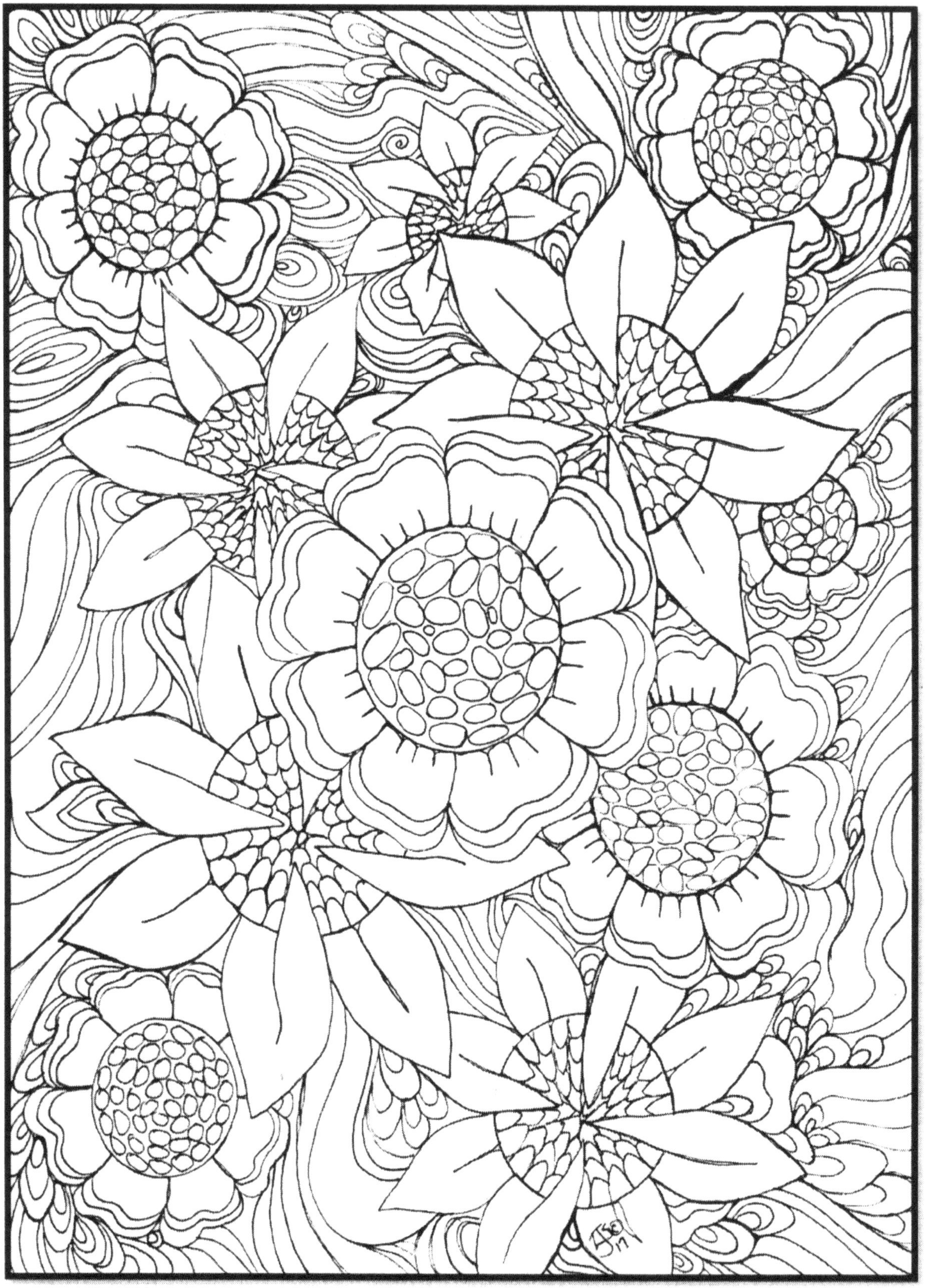

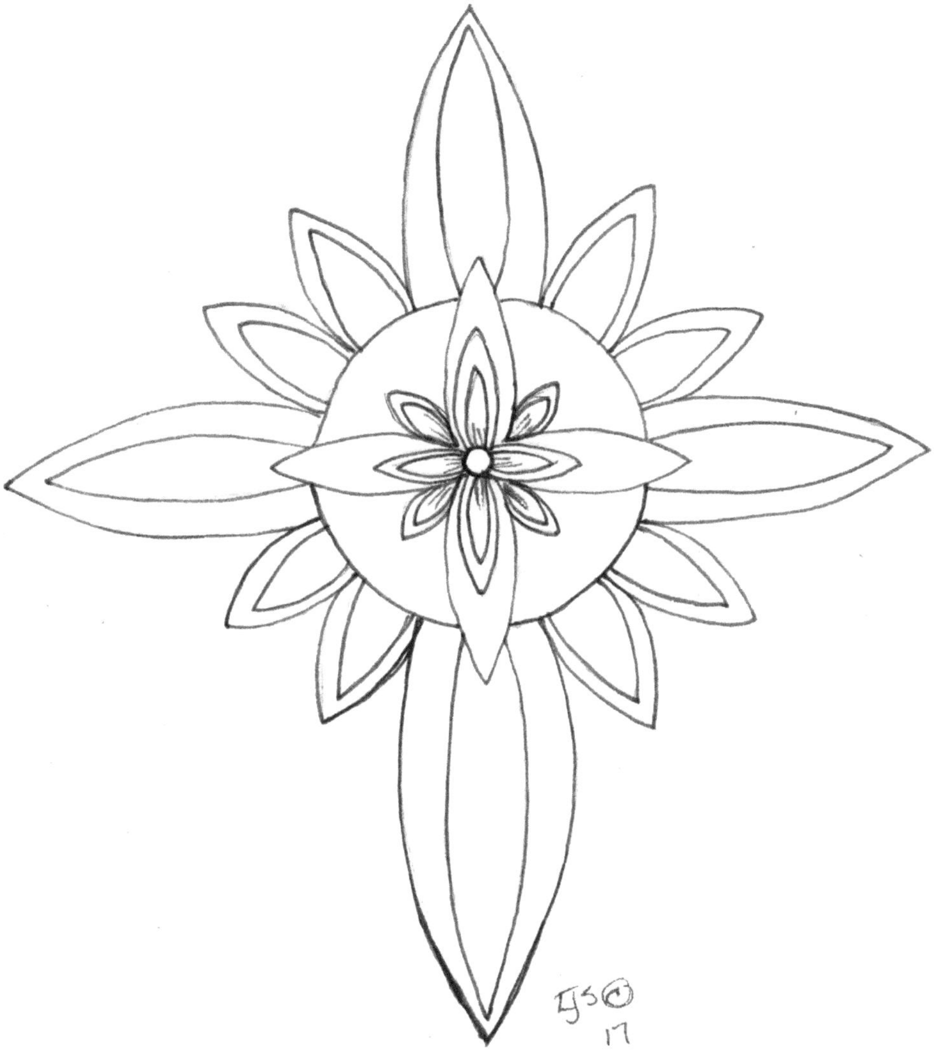

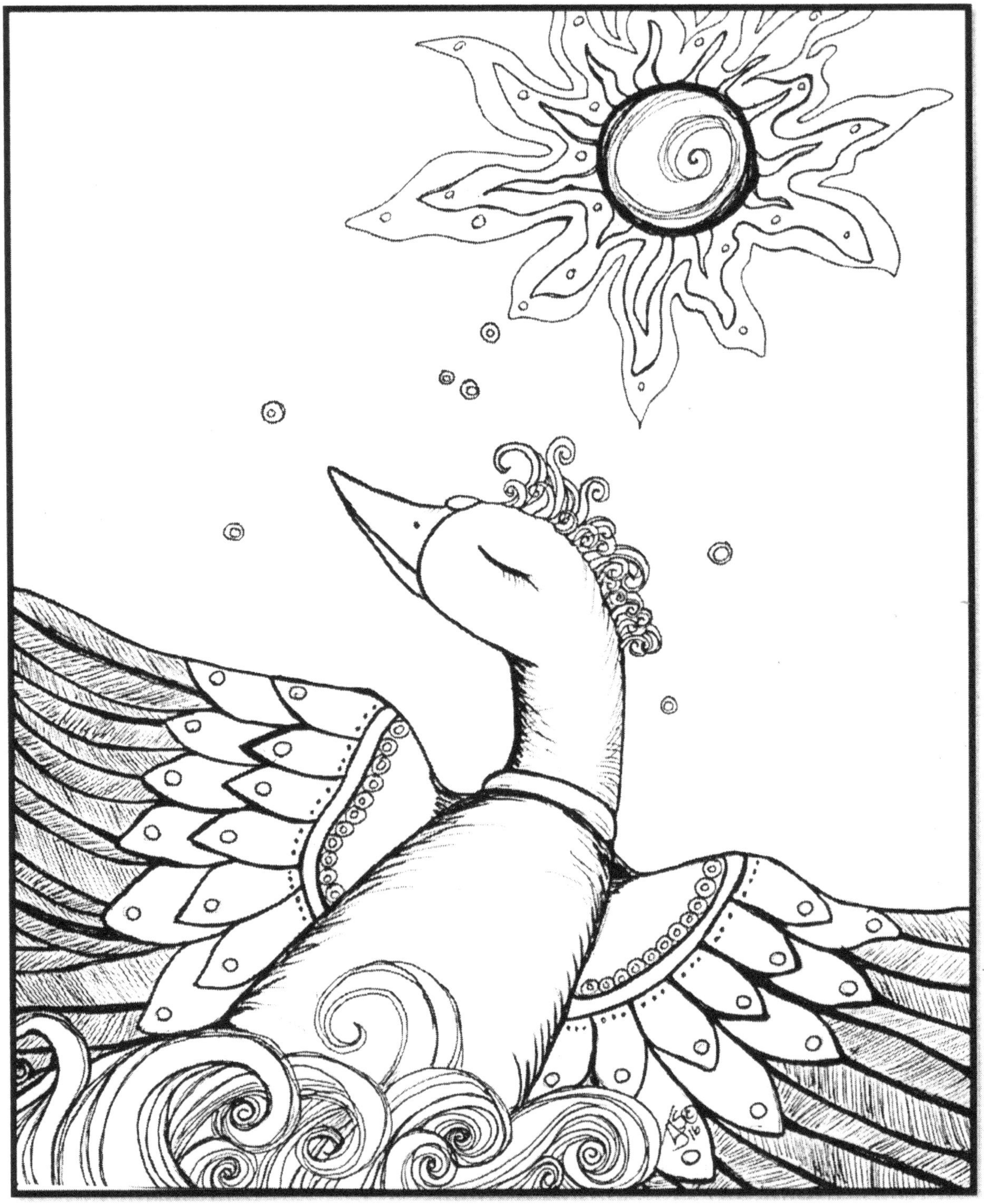

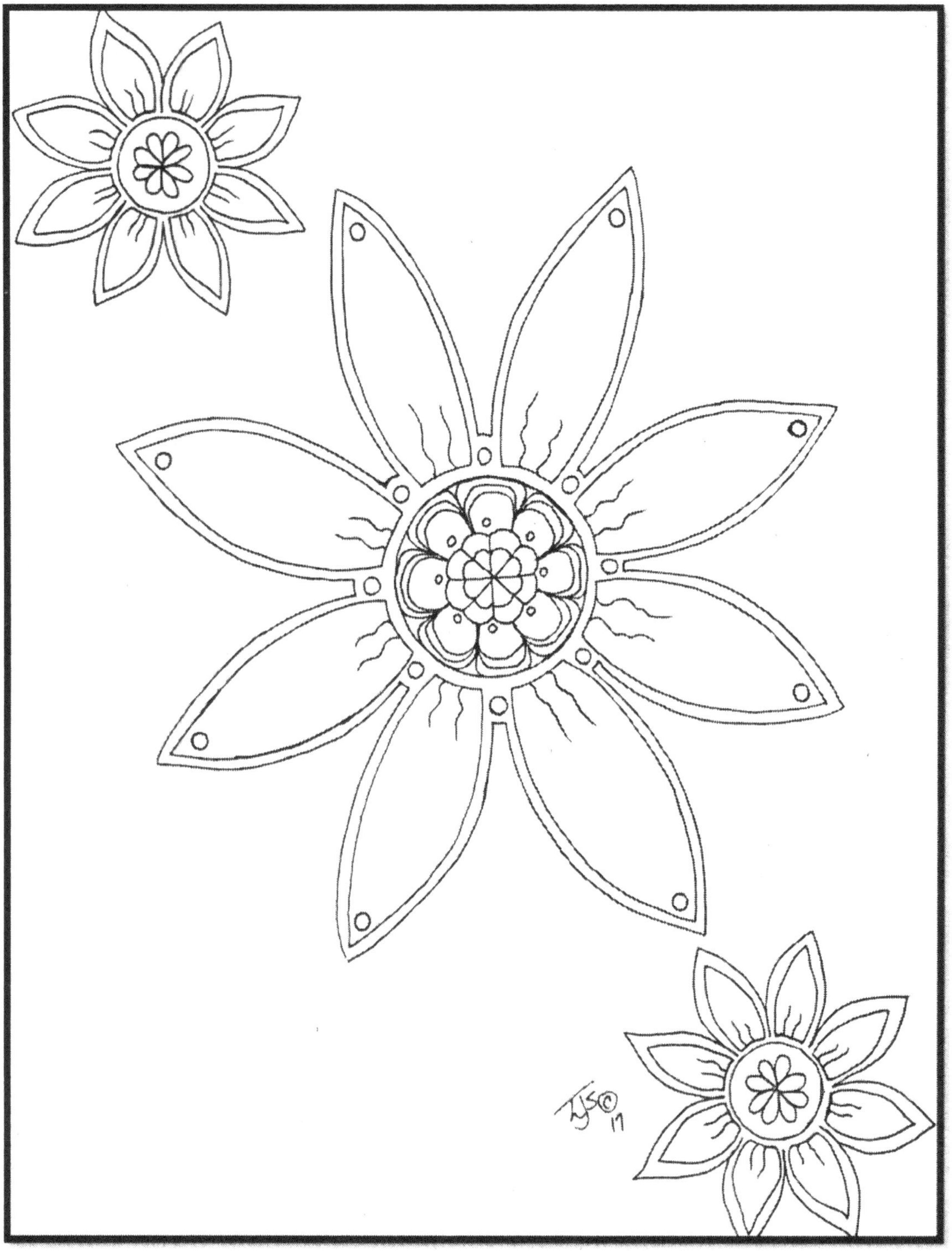
TJS©
17

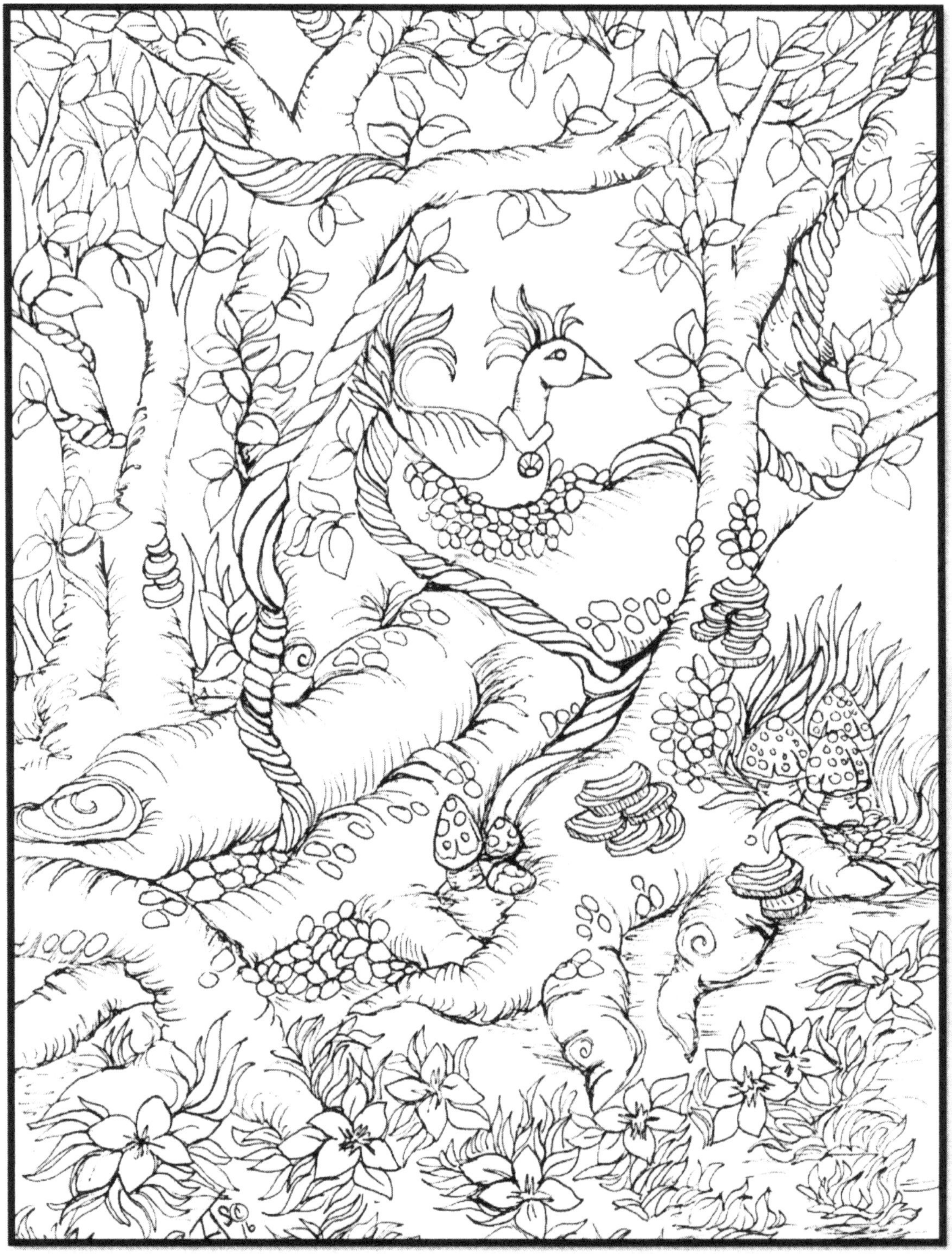

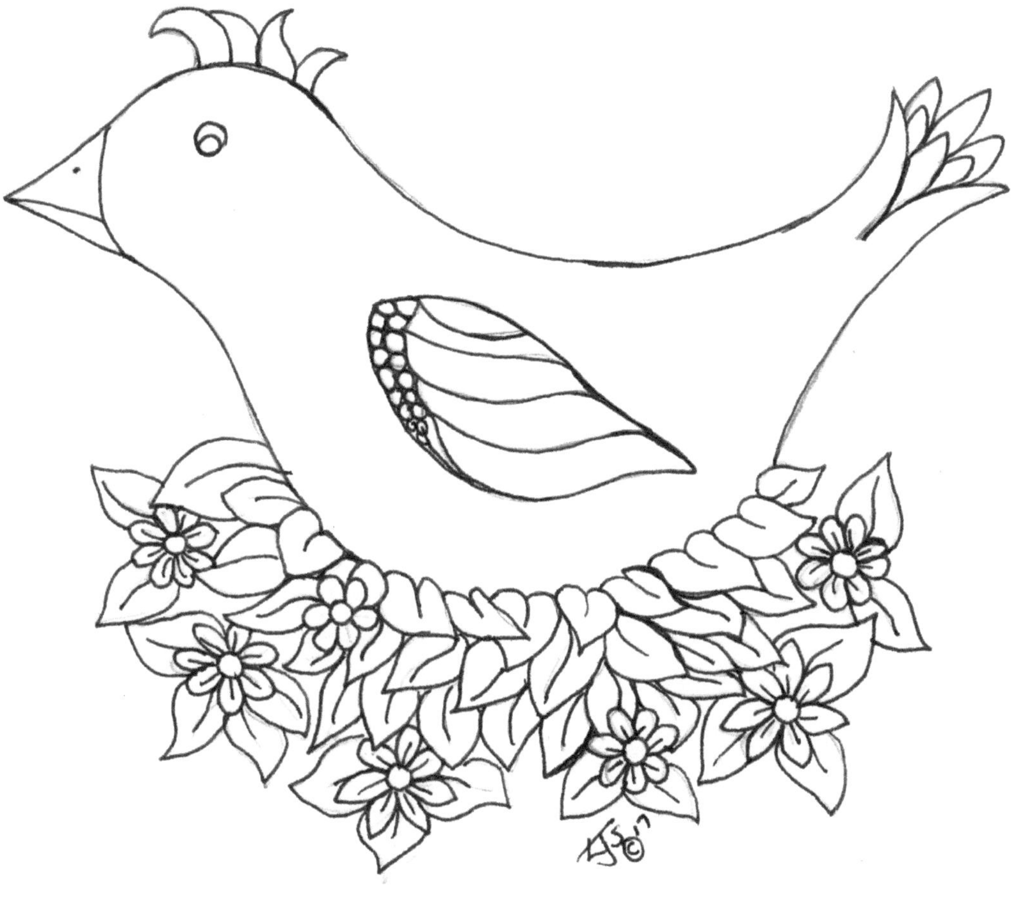

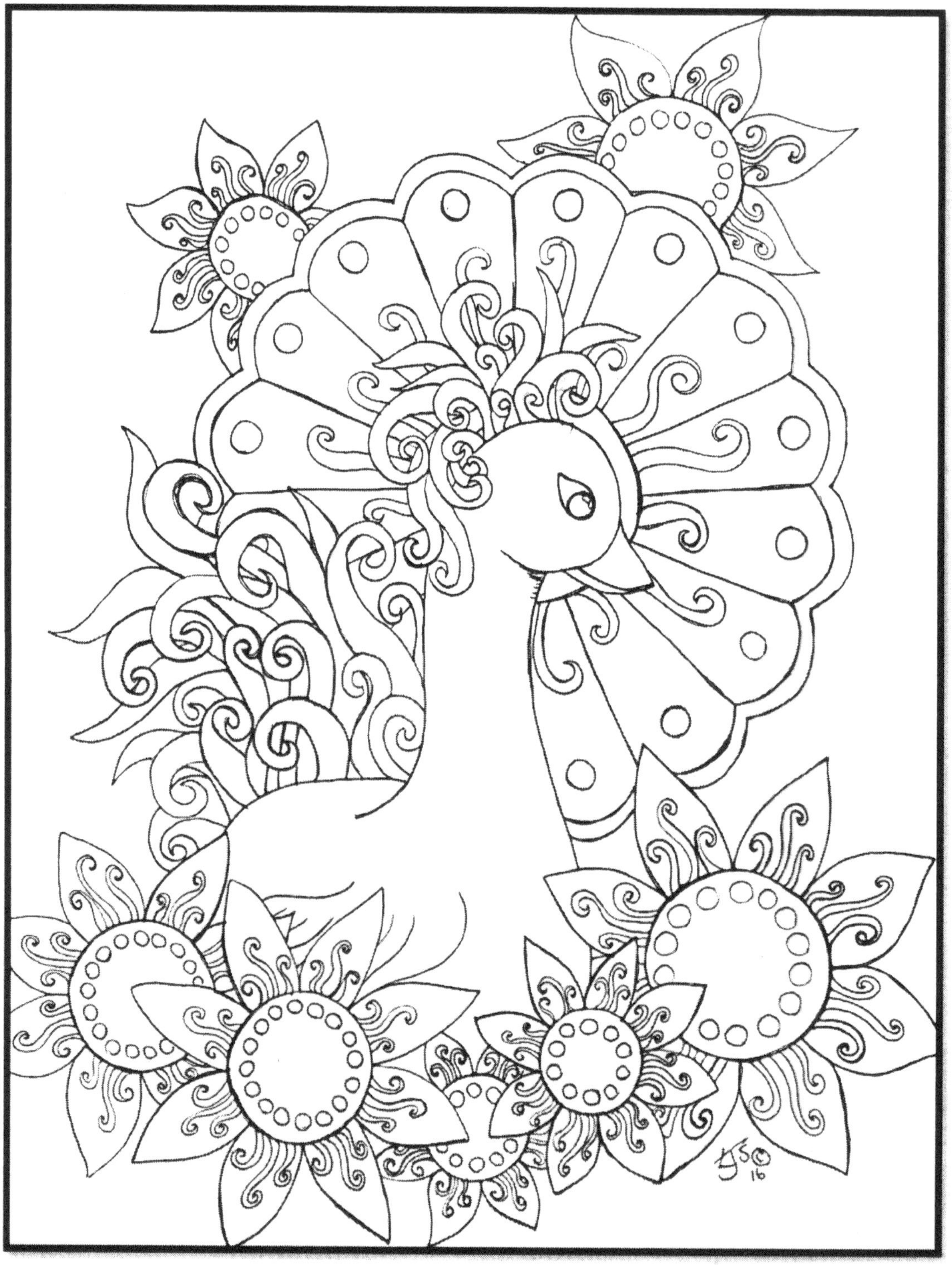

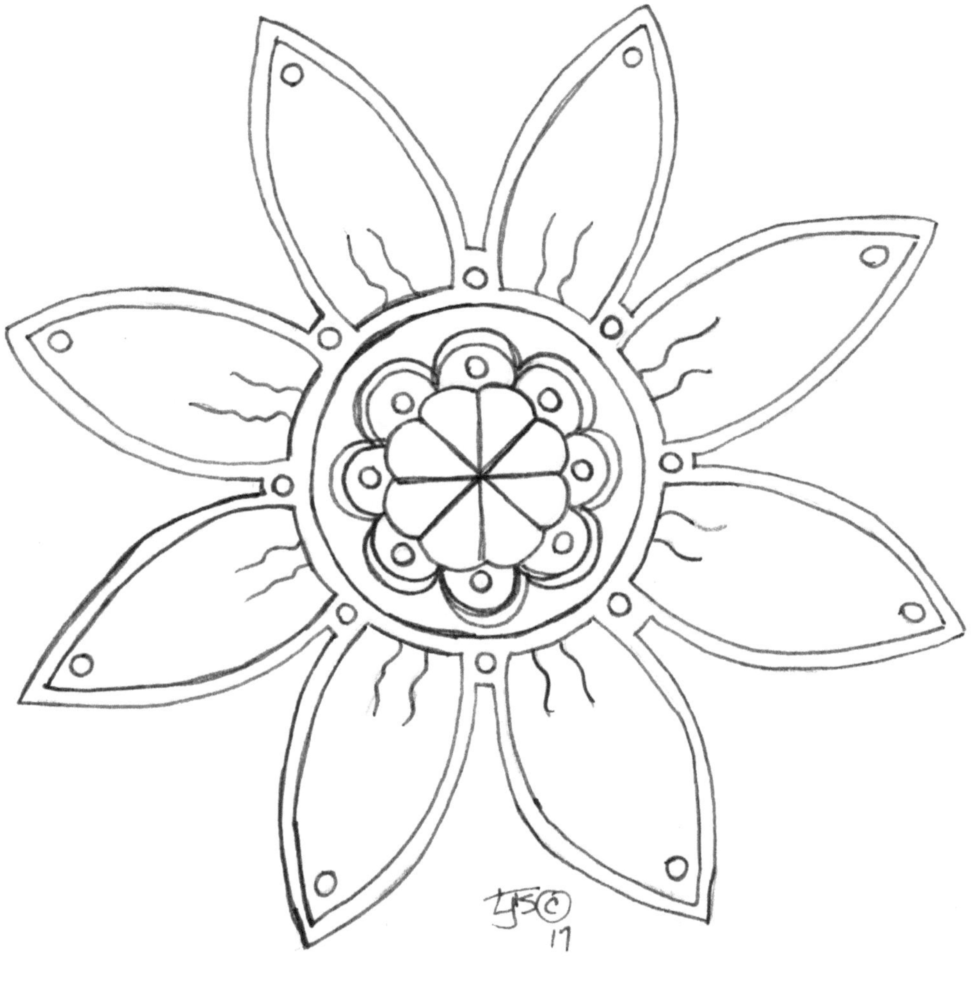
17

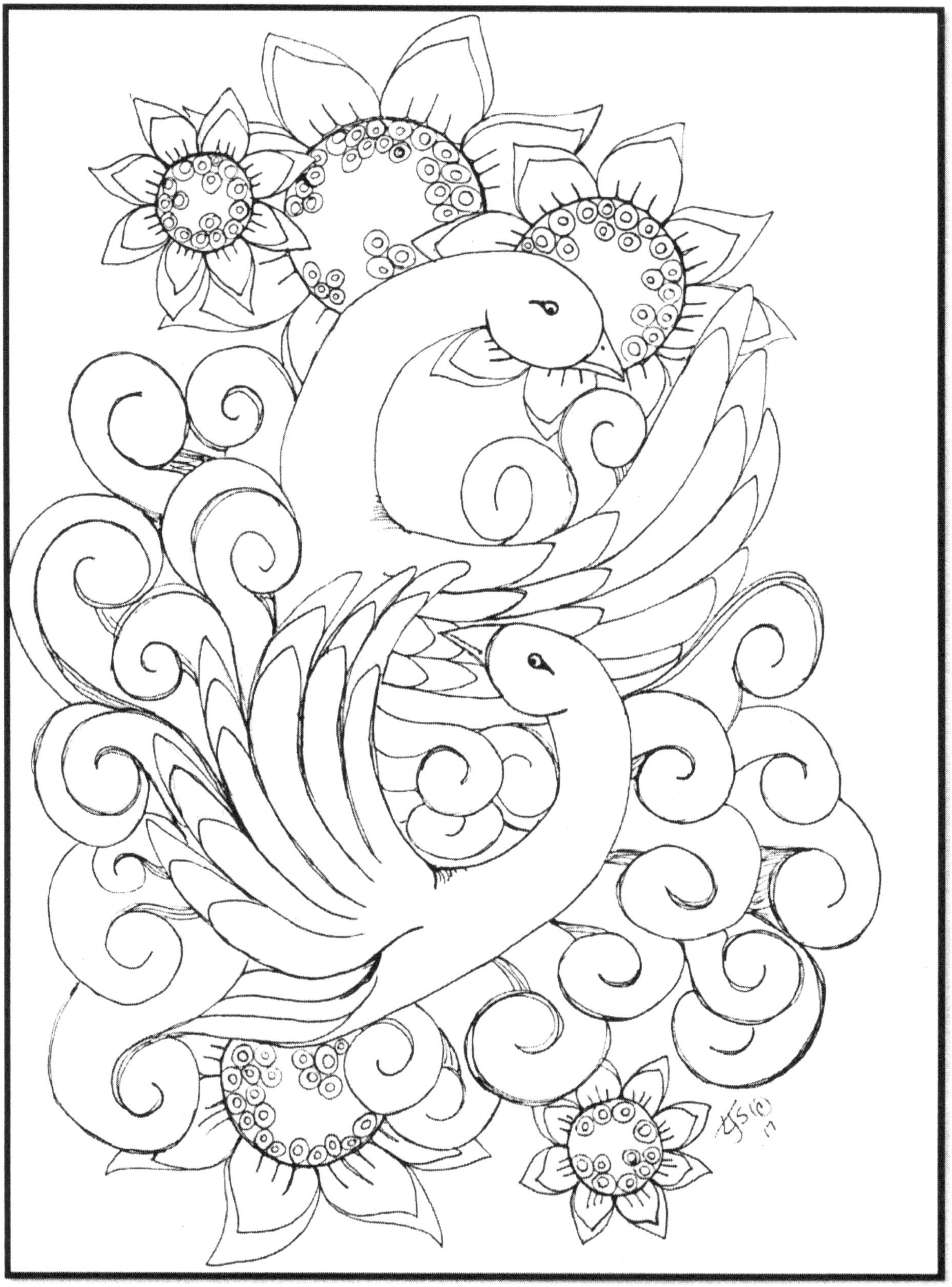

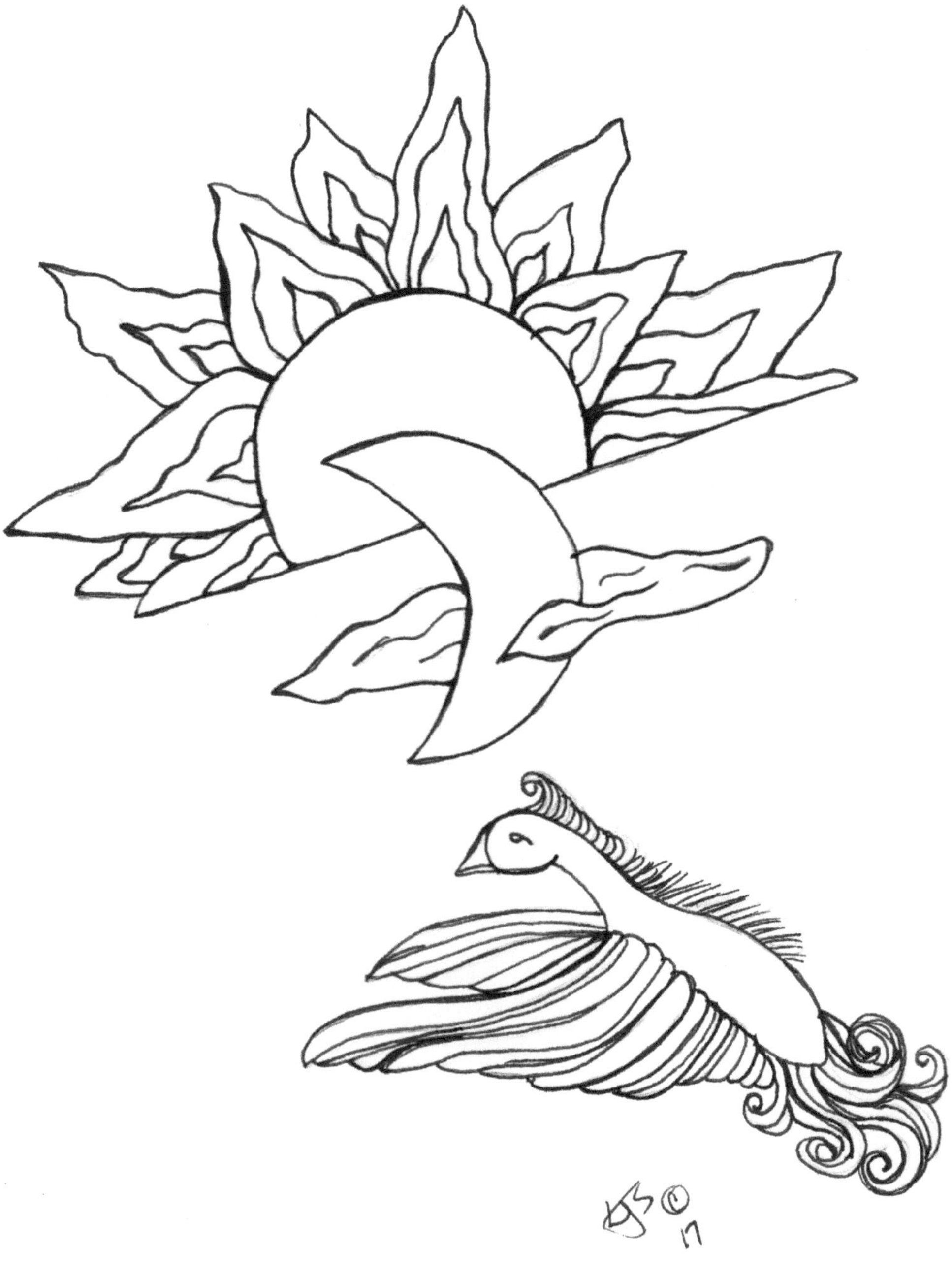

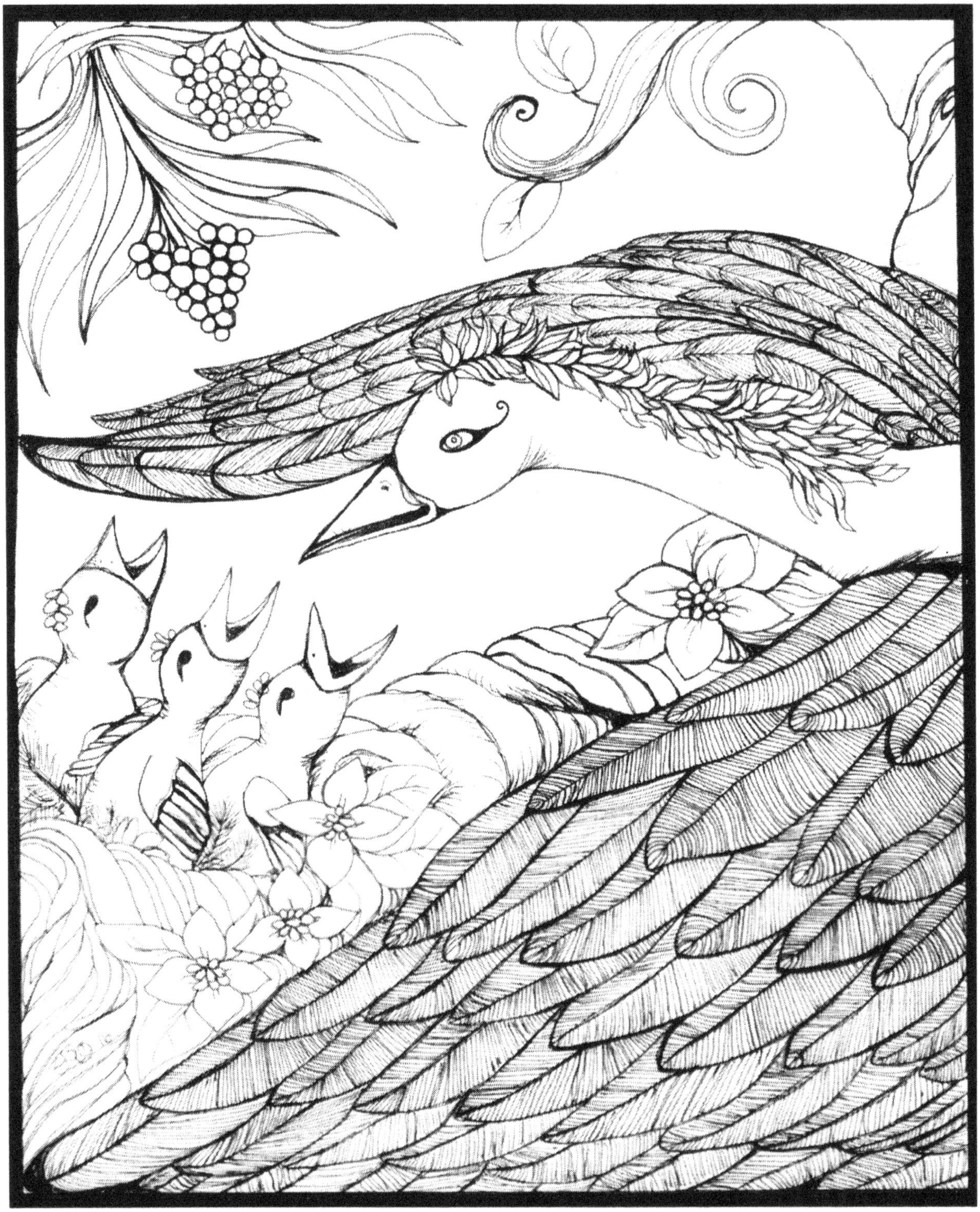

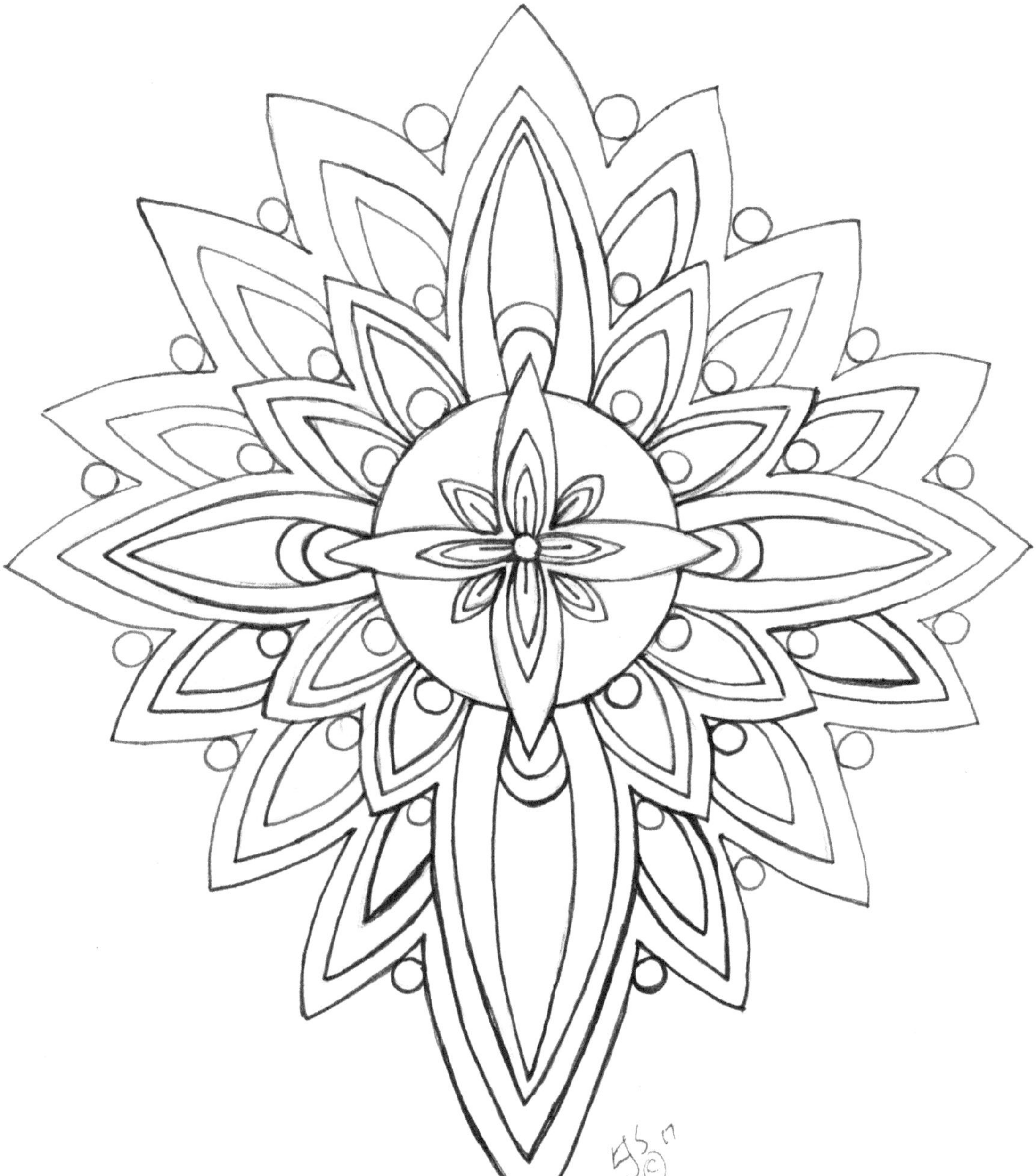

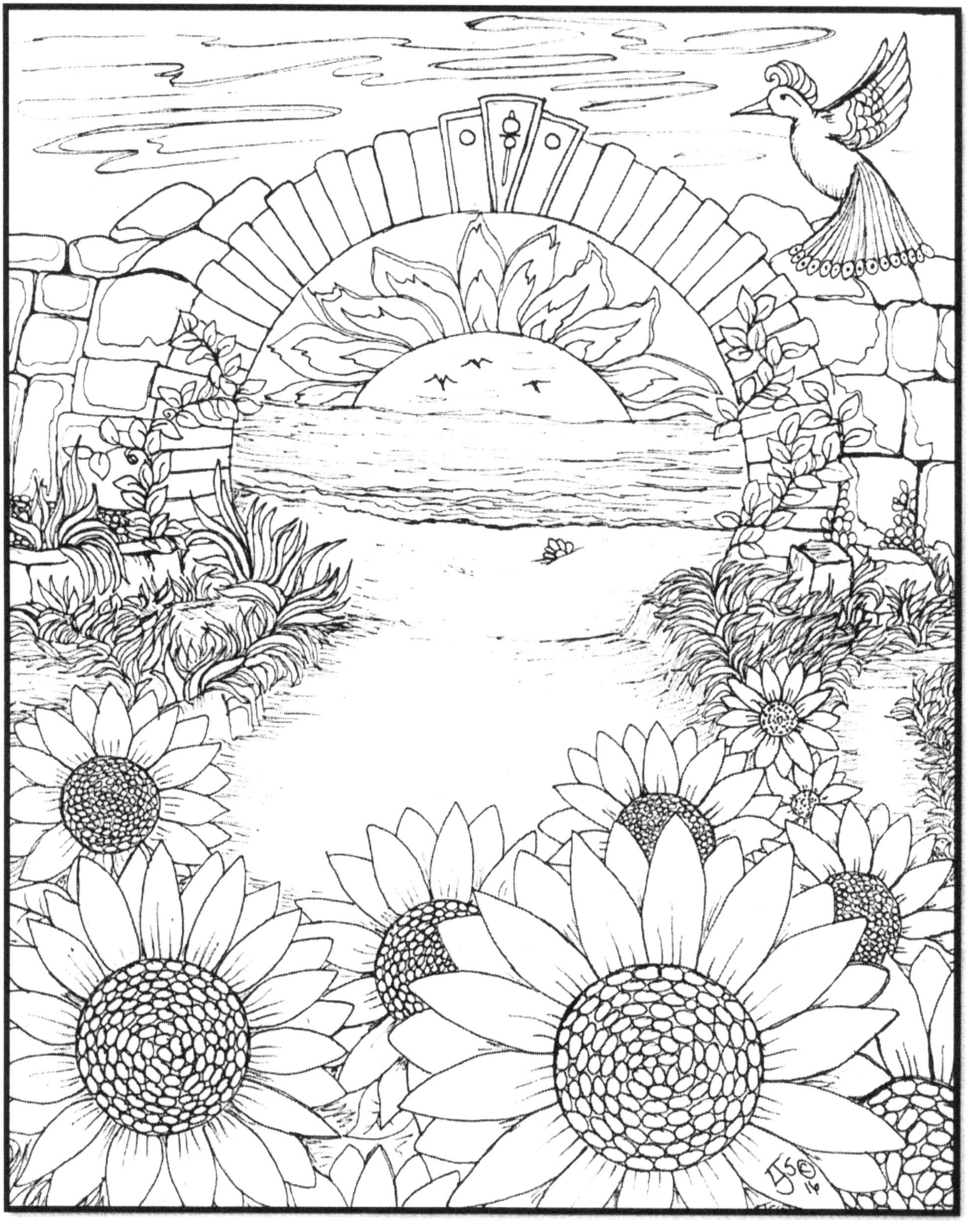

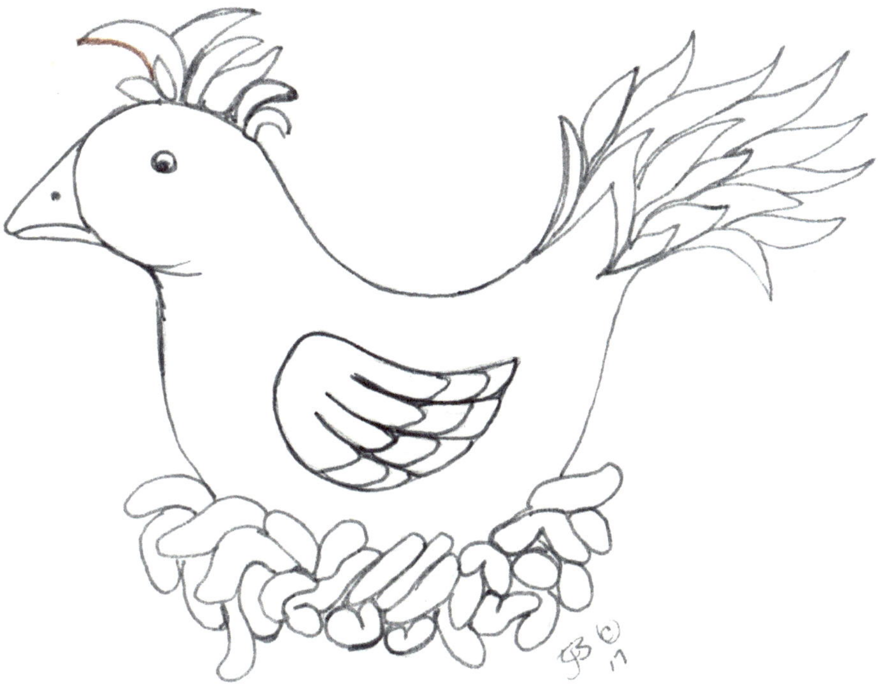

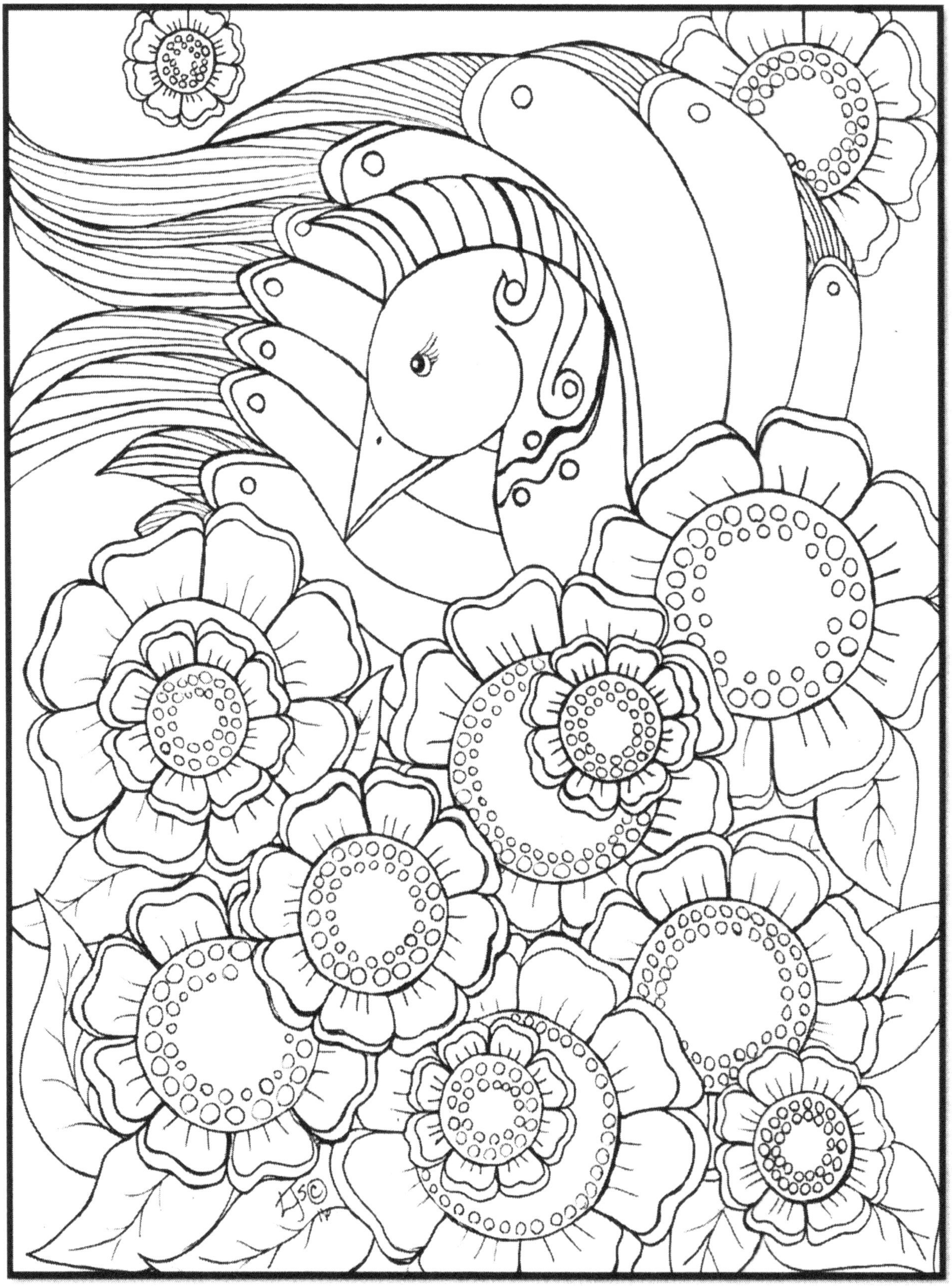

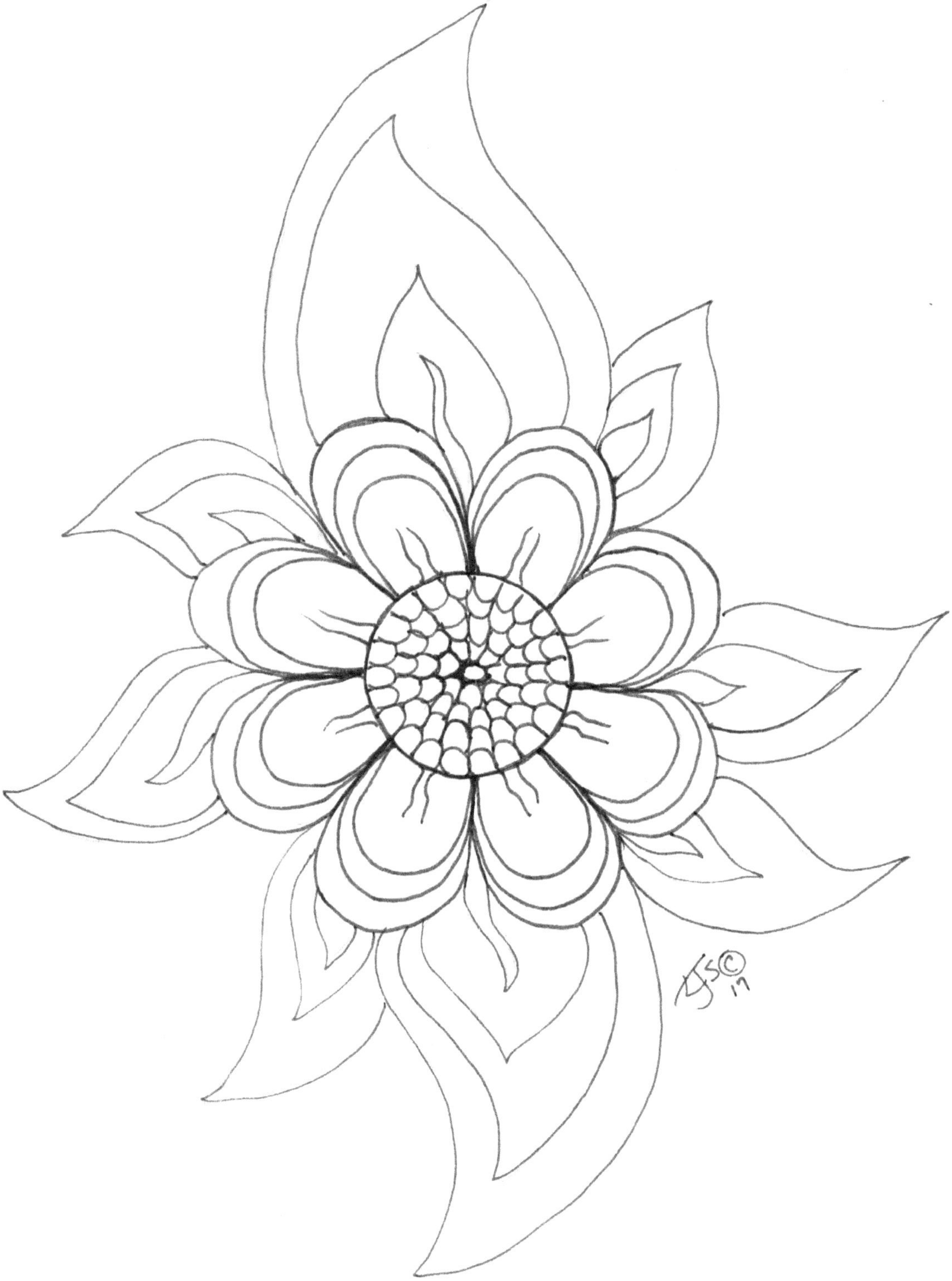

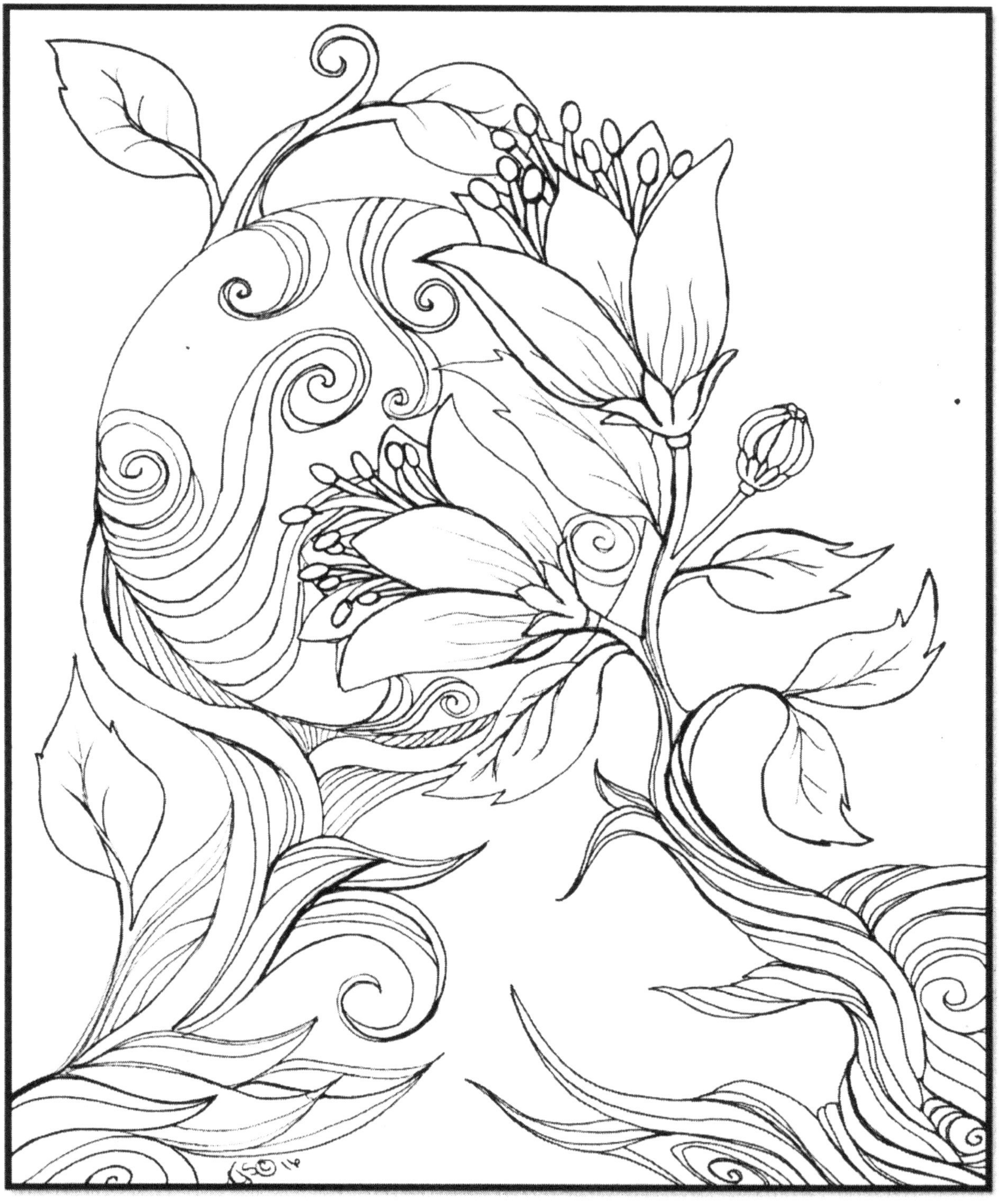

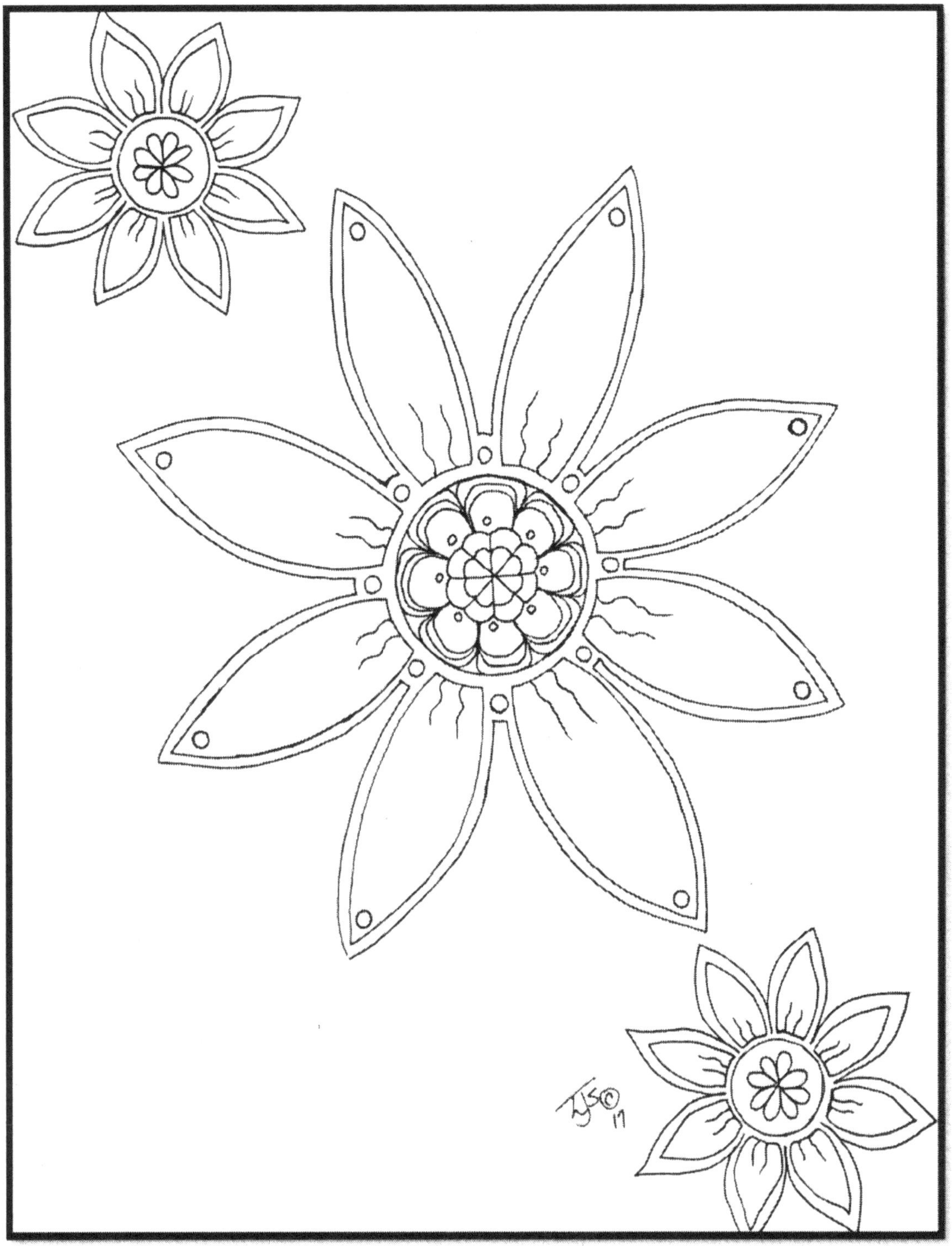
TJS© 17

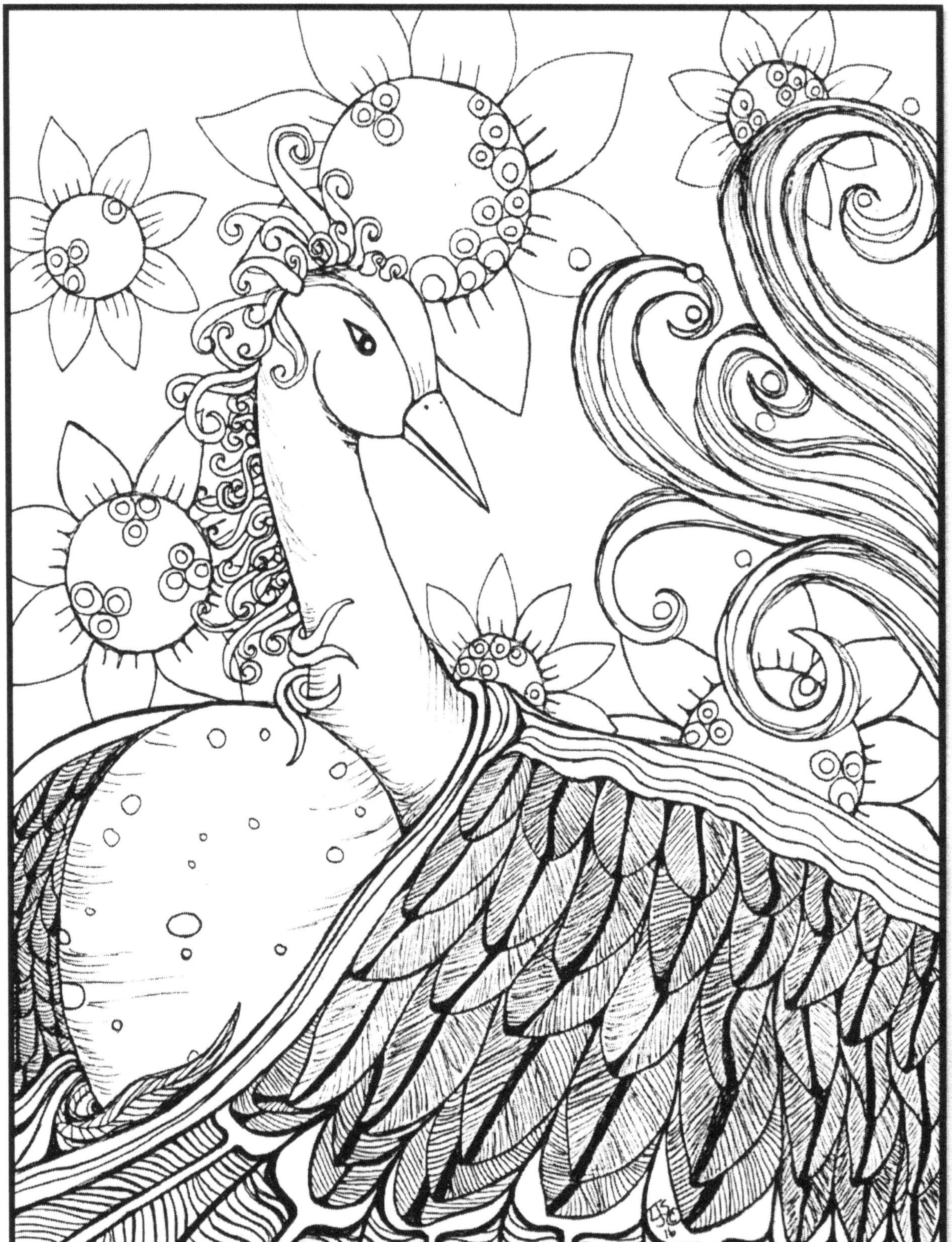

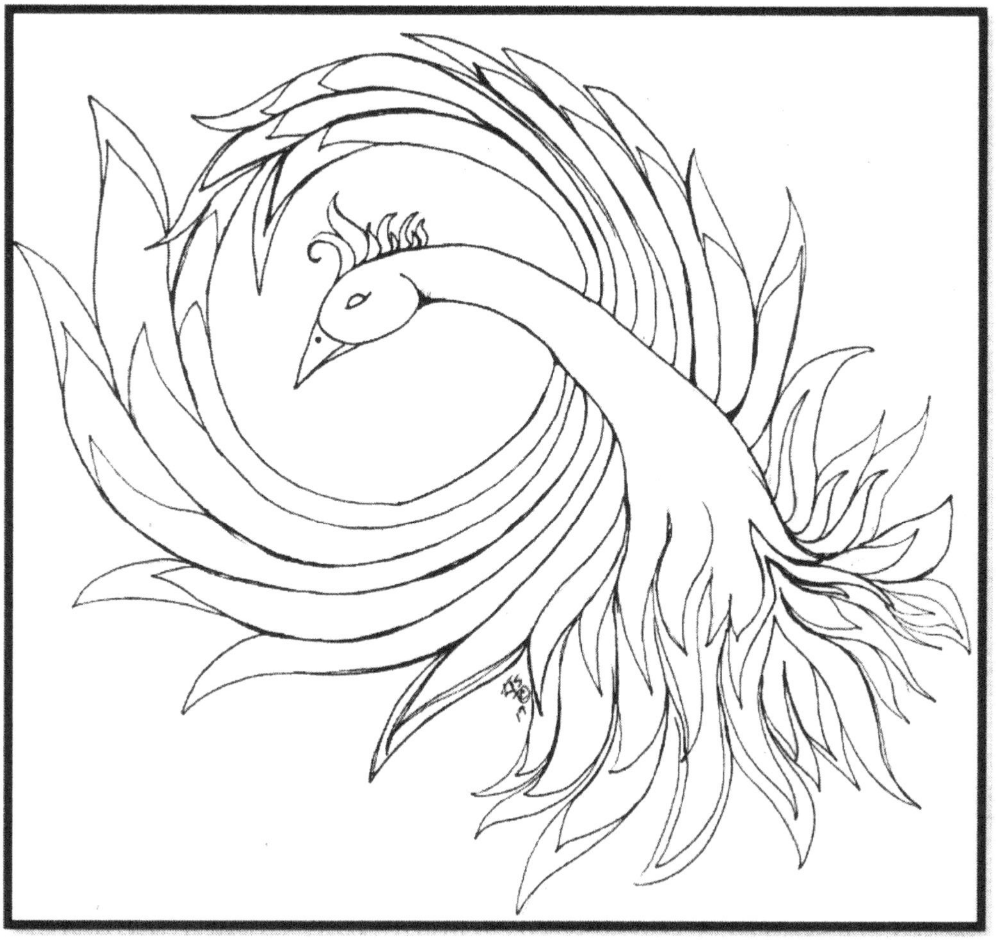

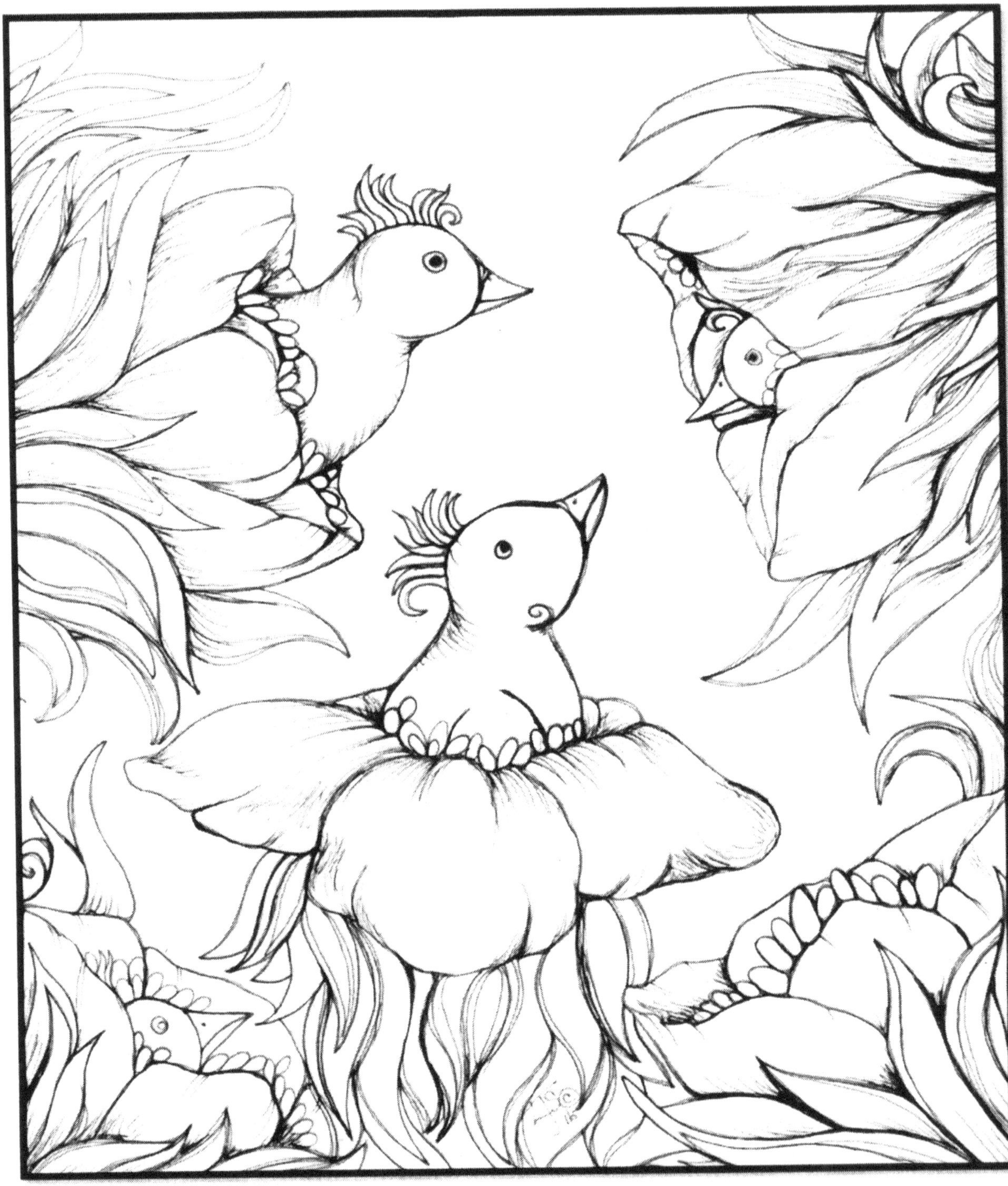

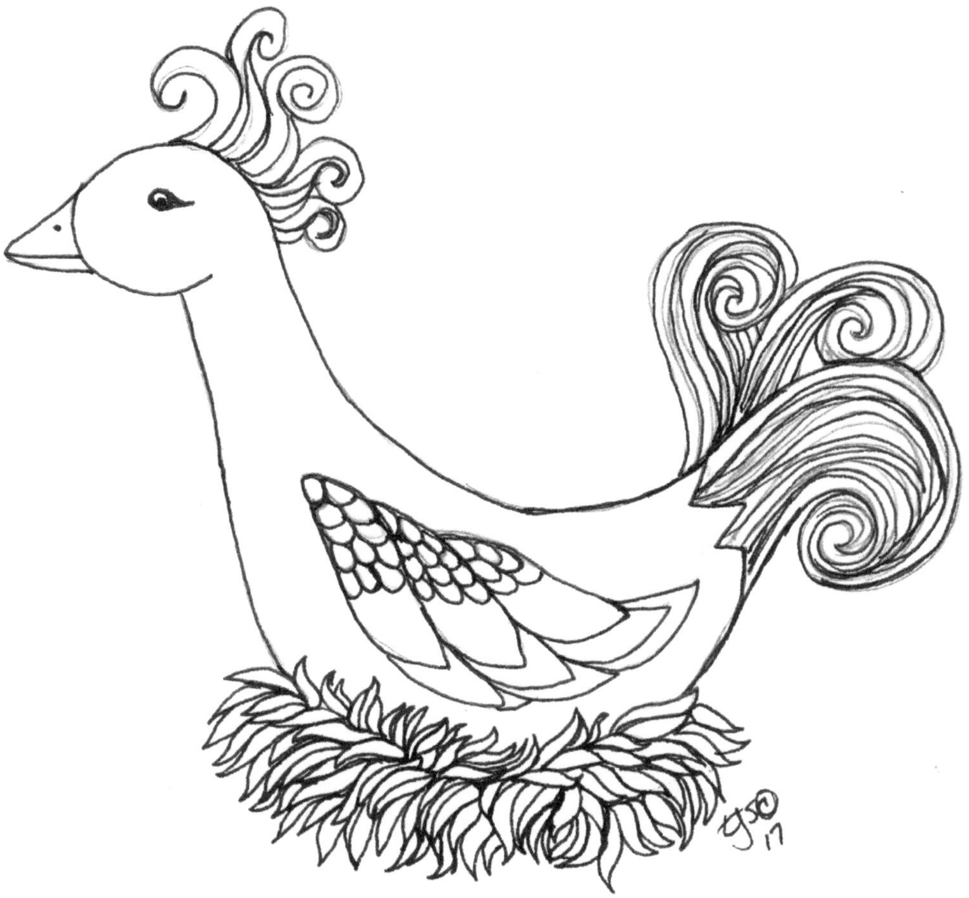

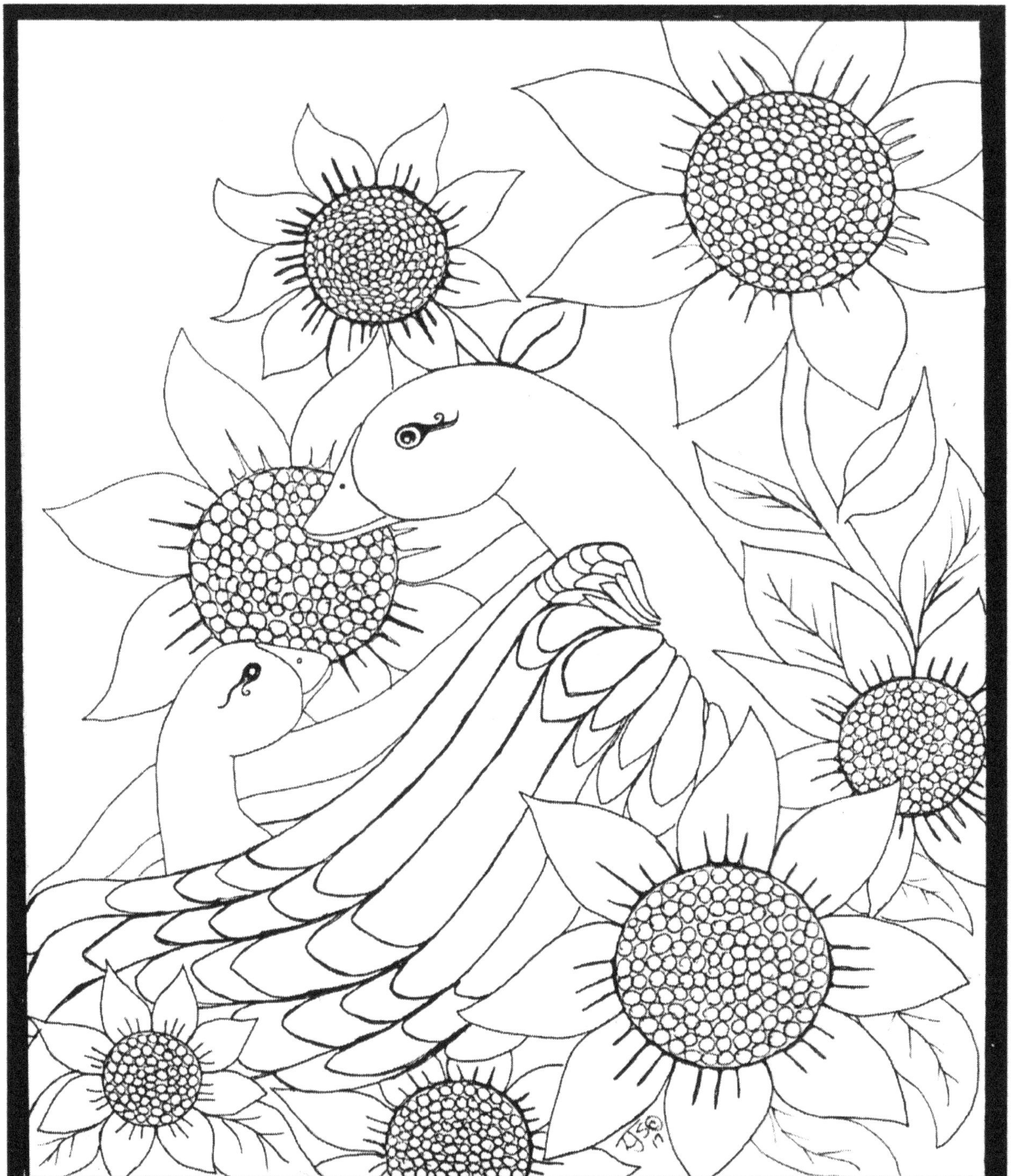

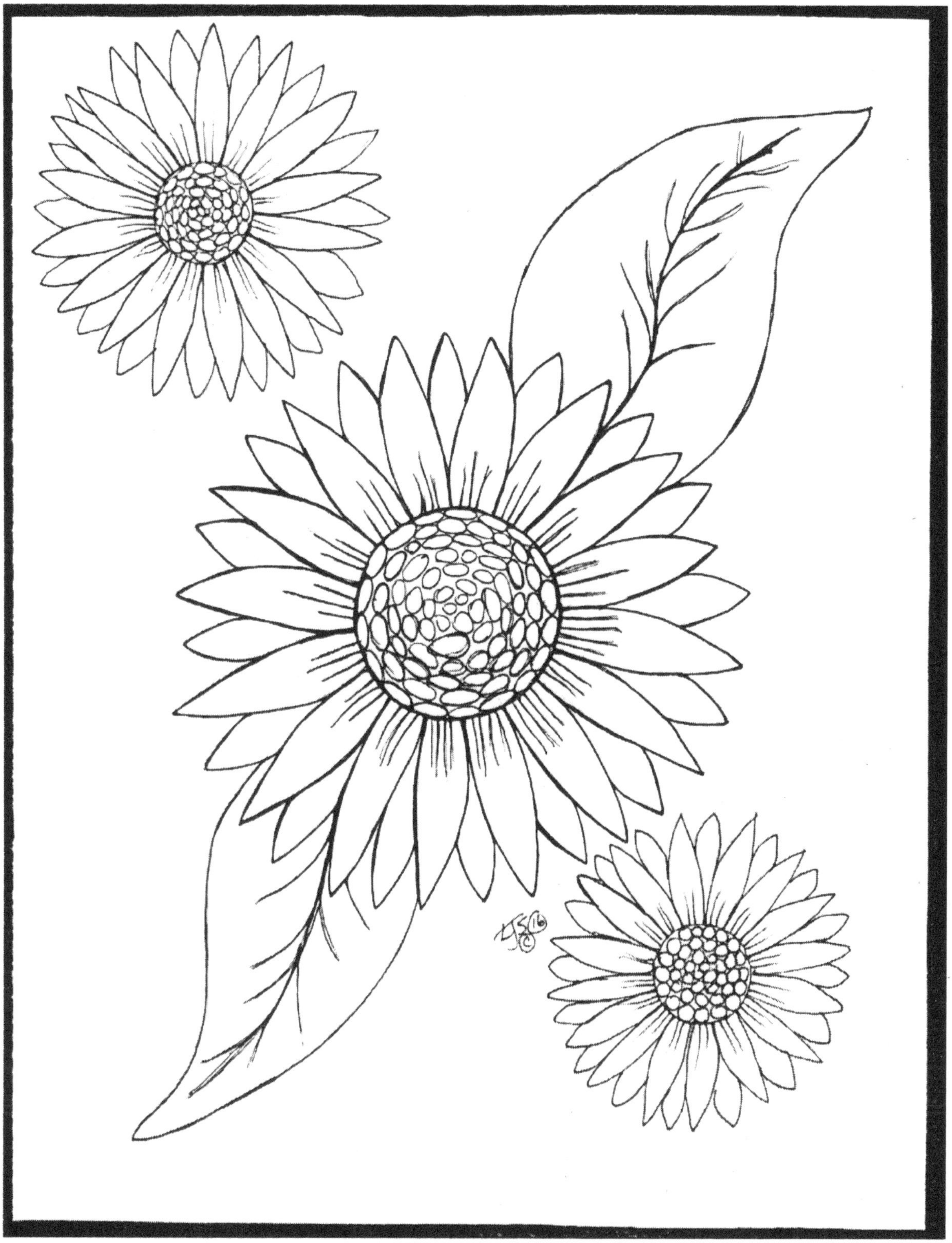

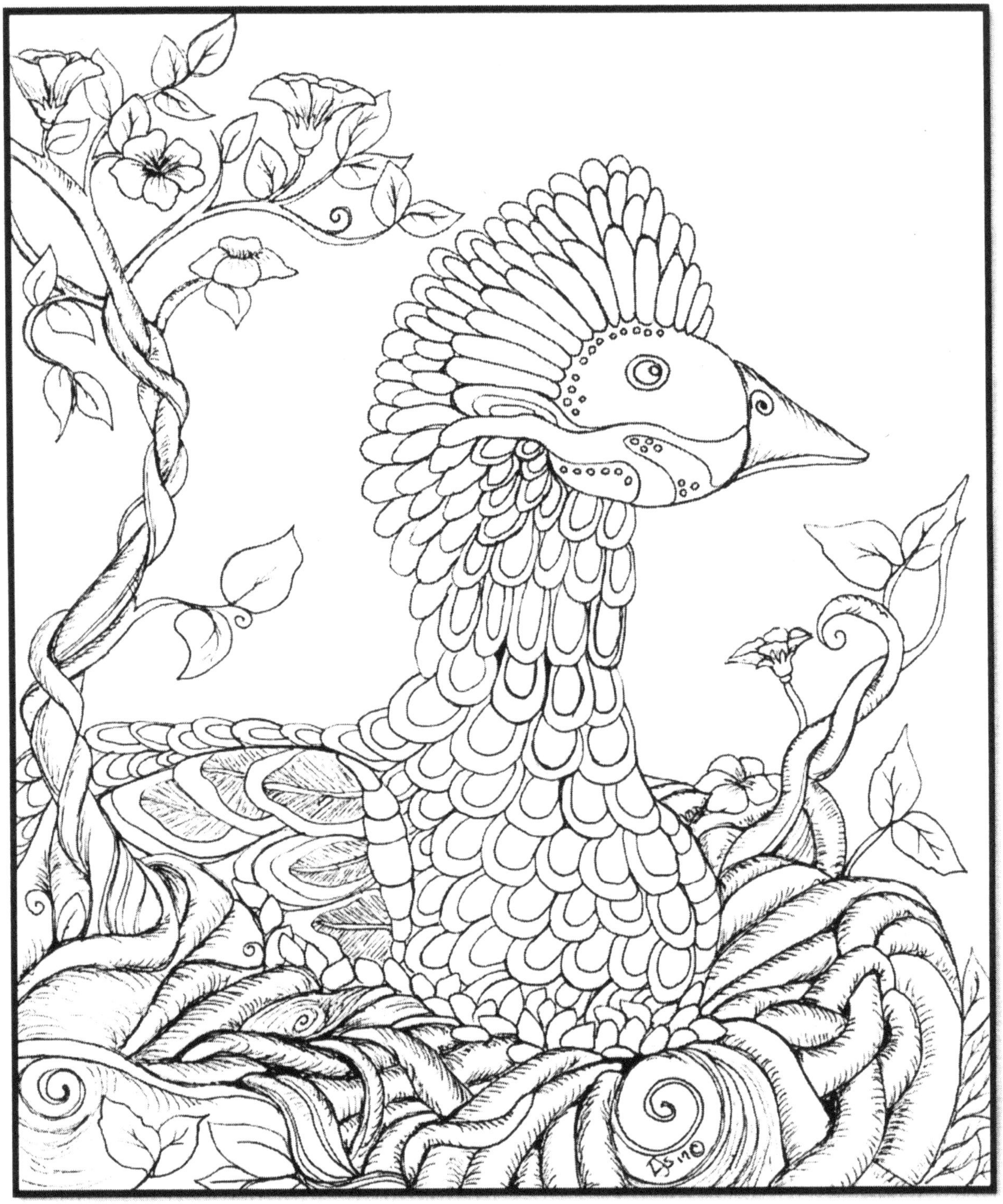

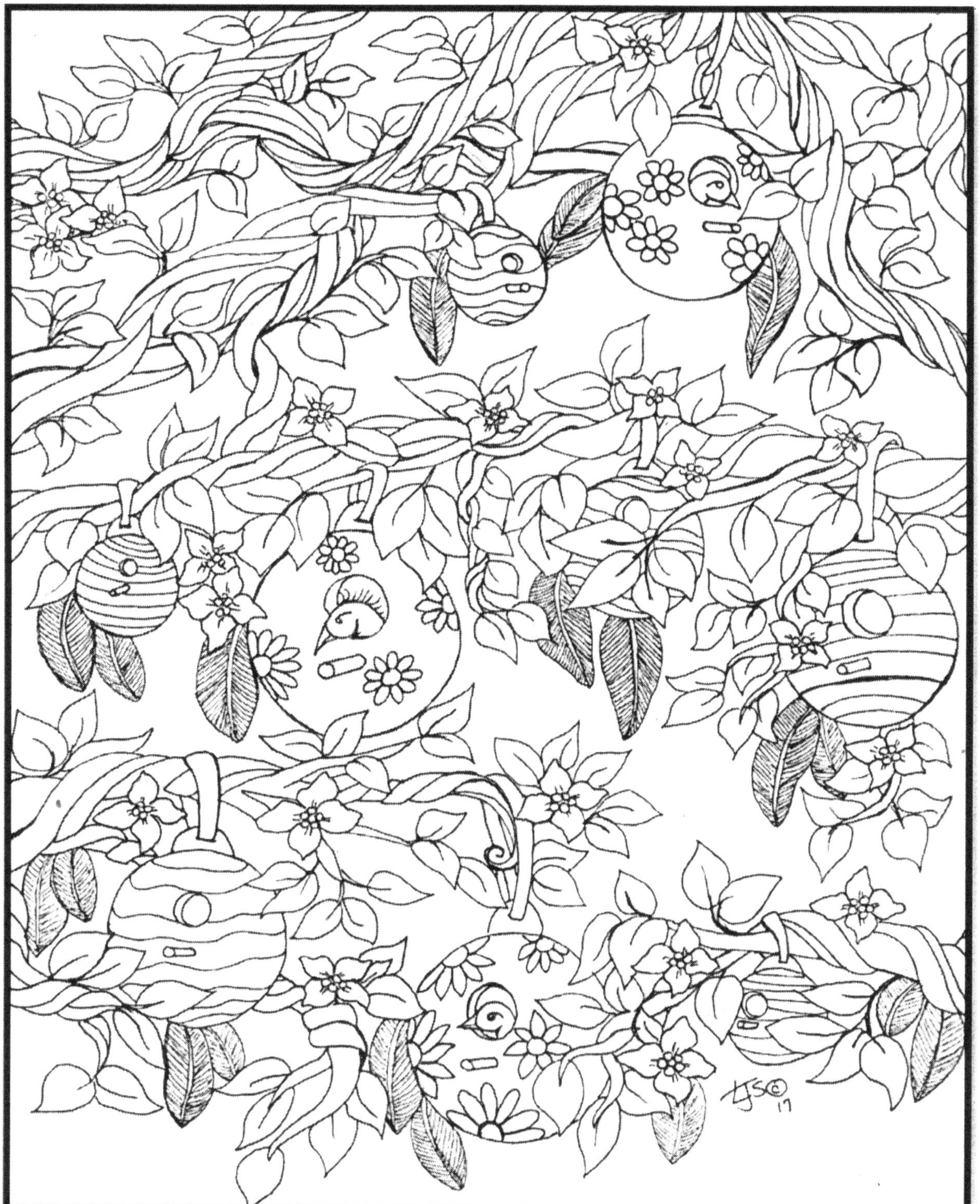
LJS©
17

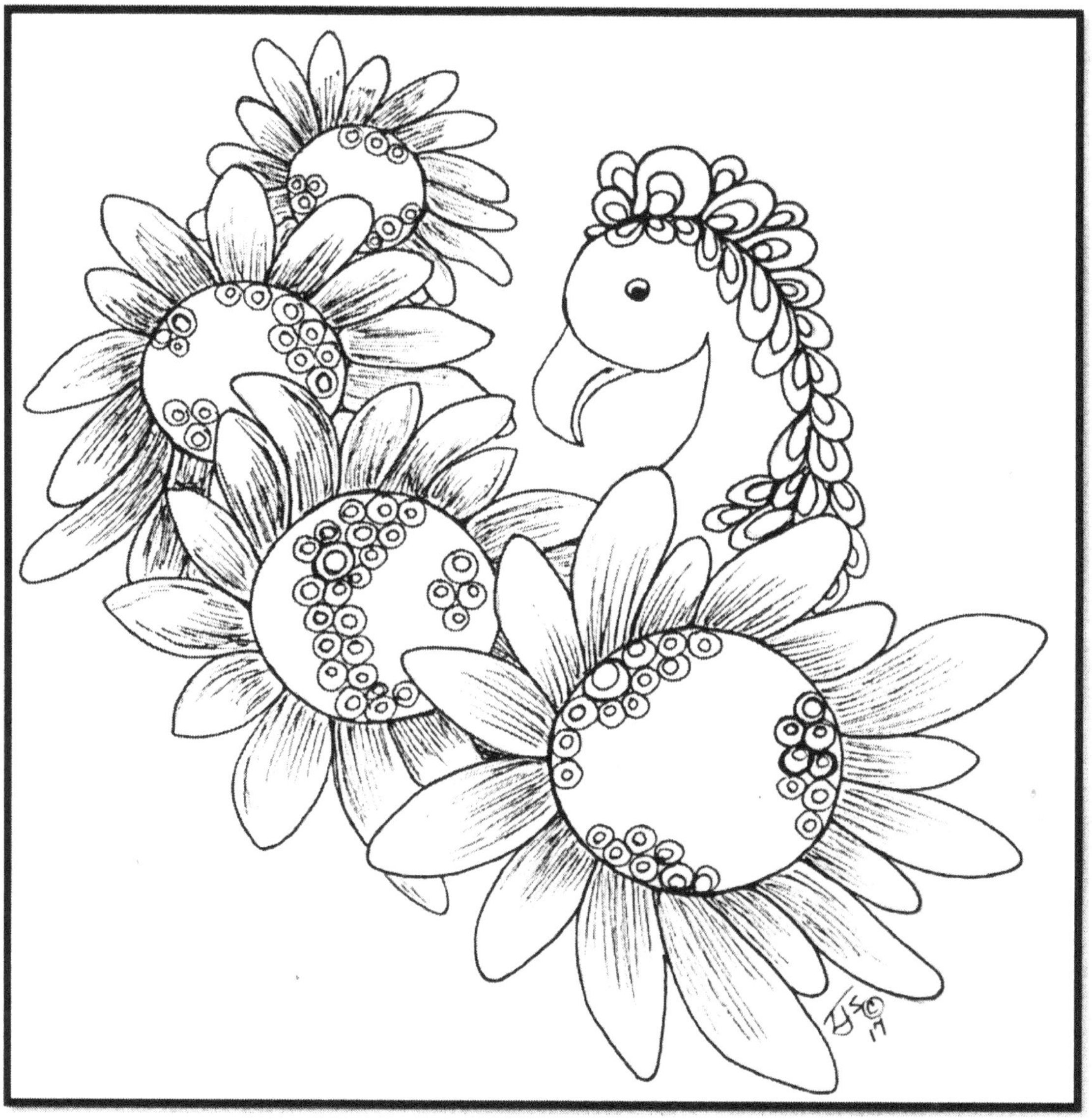

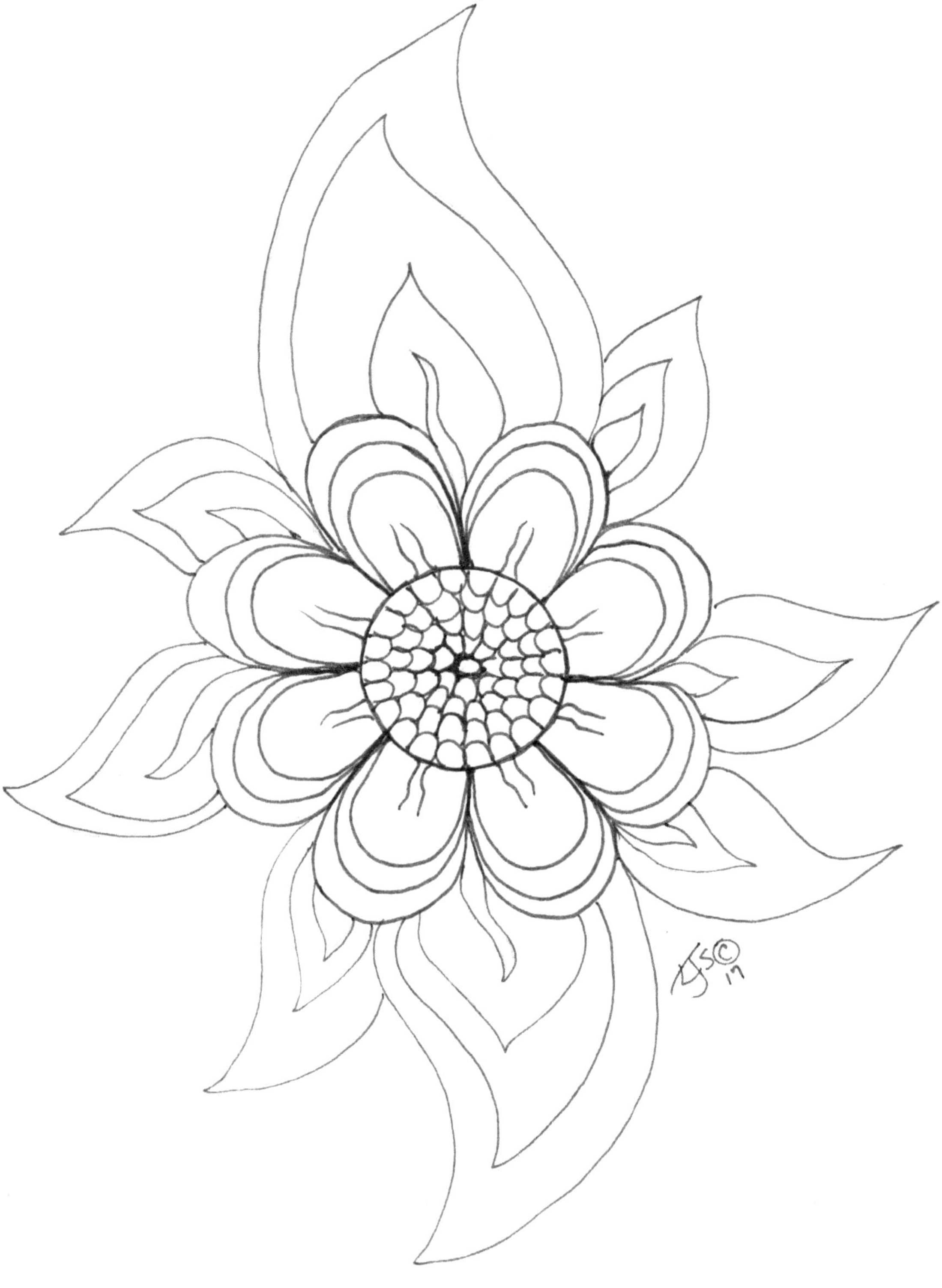

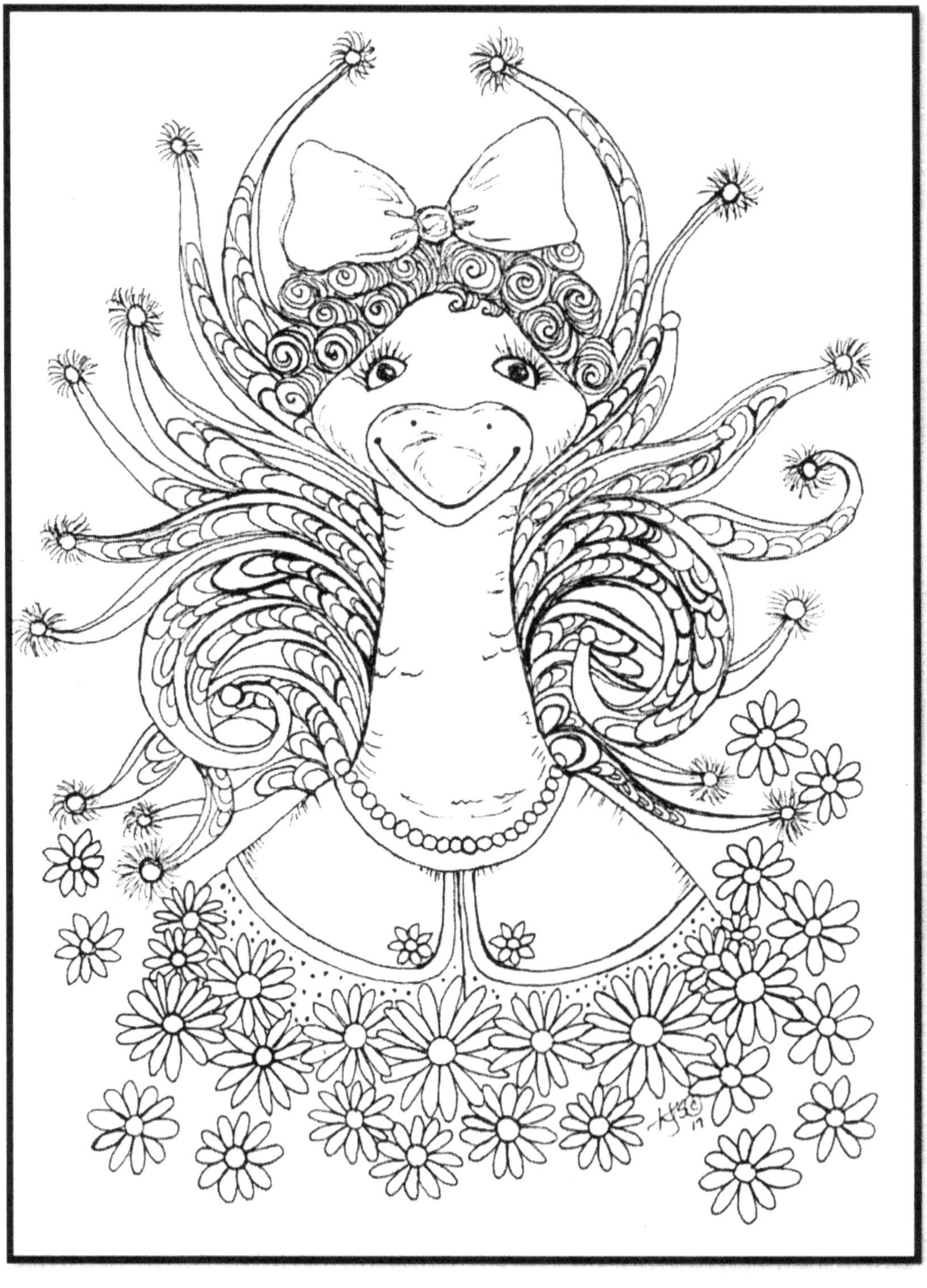

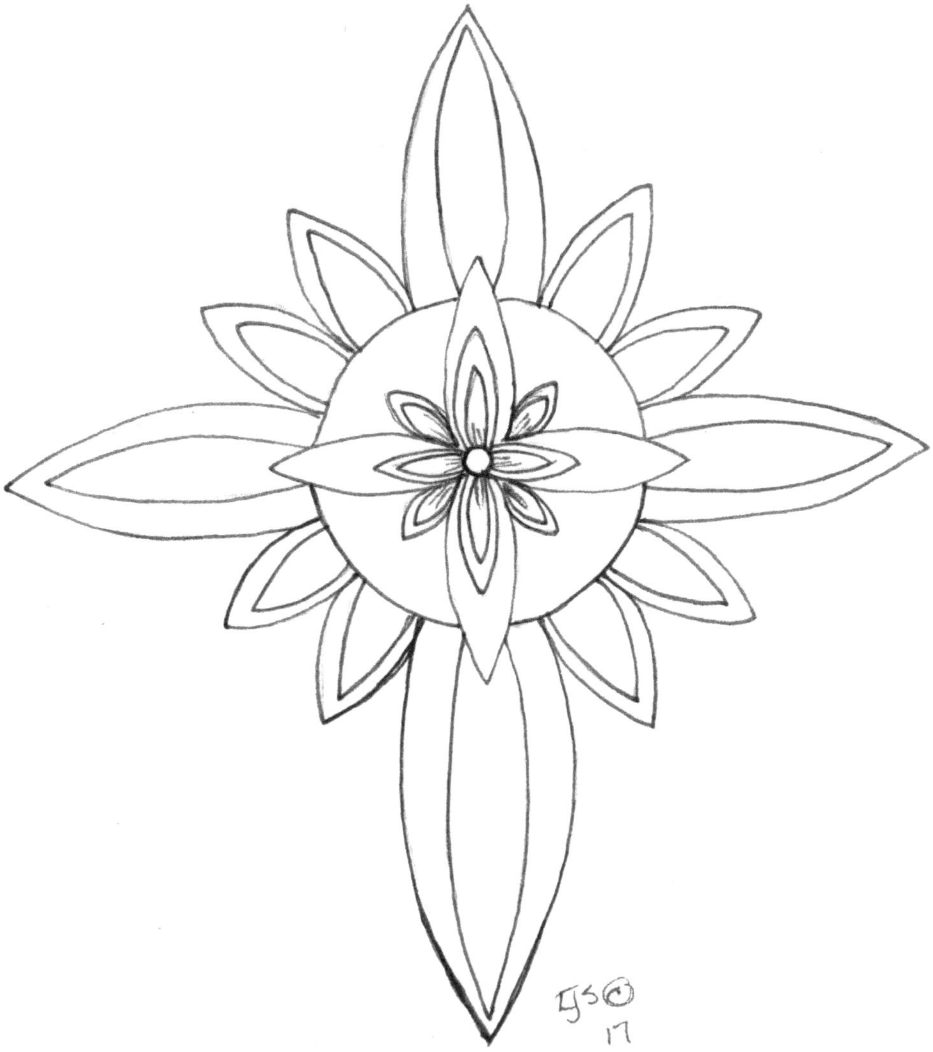

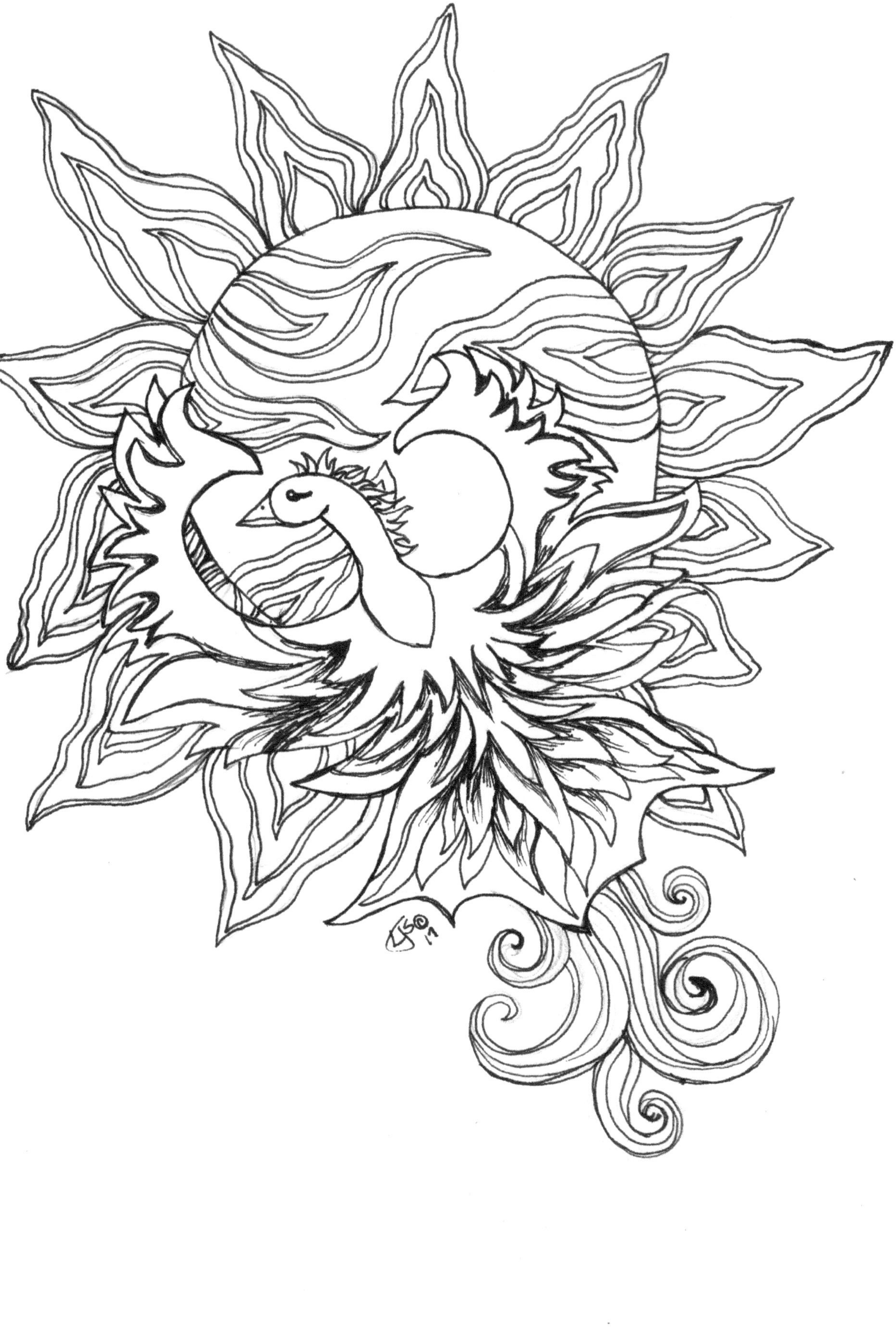

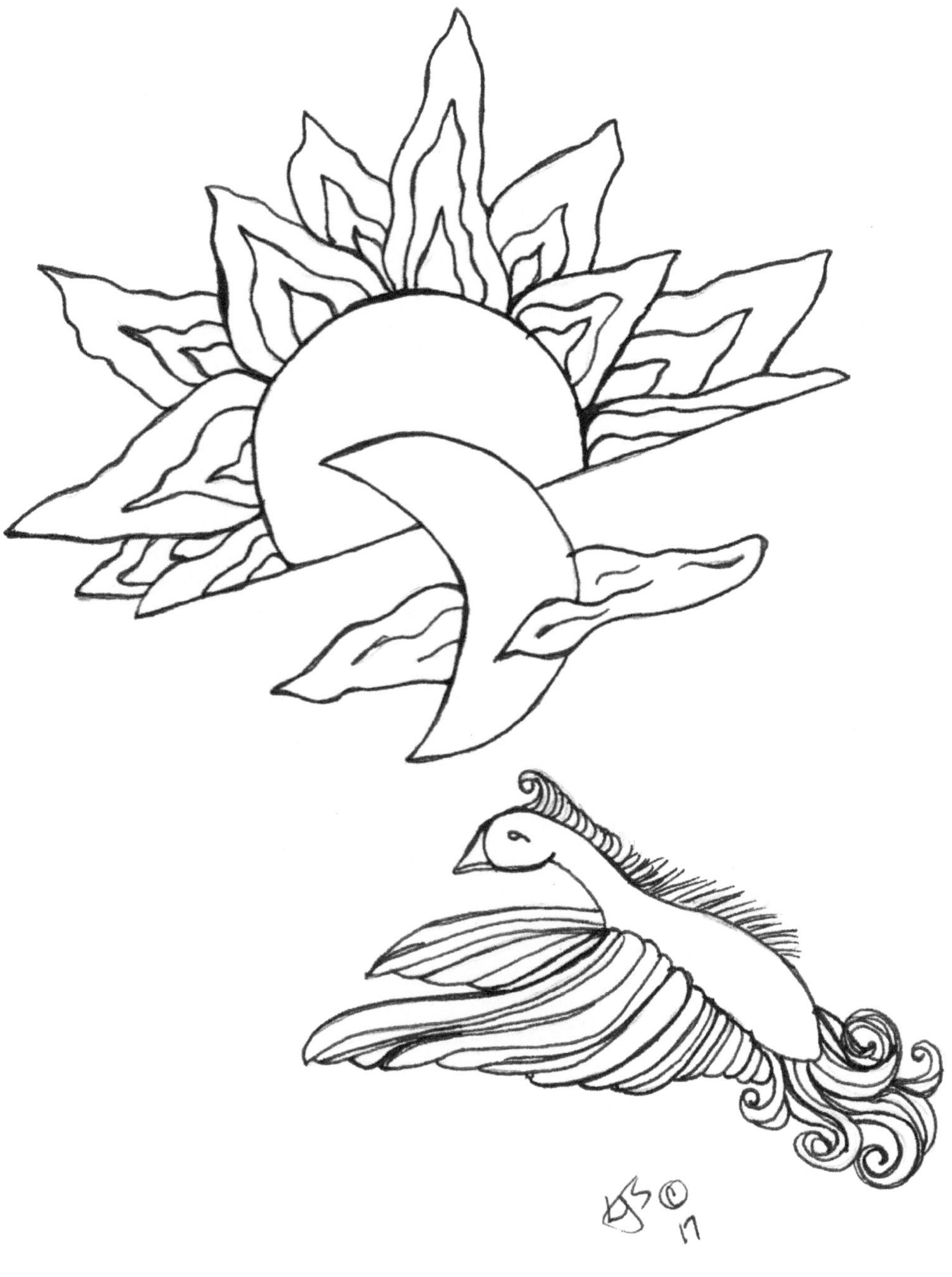

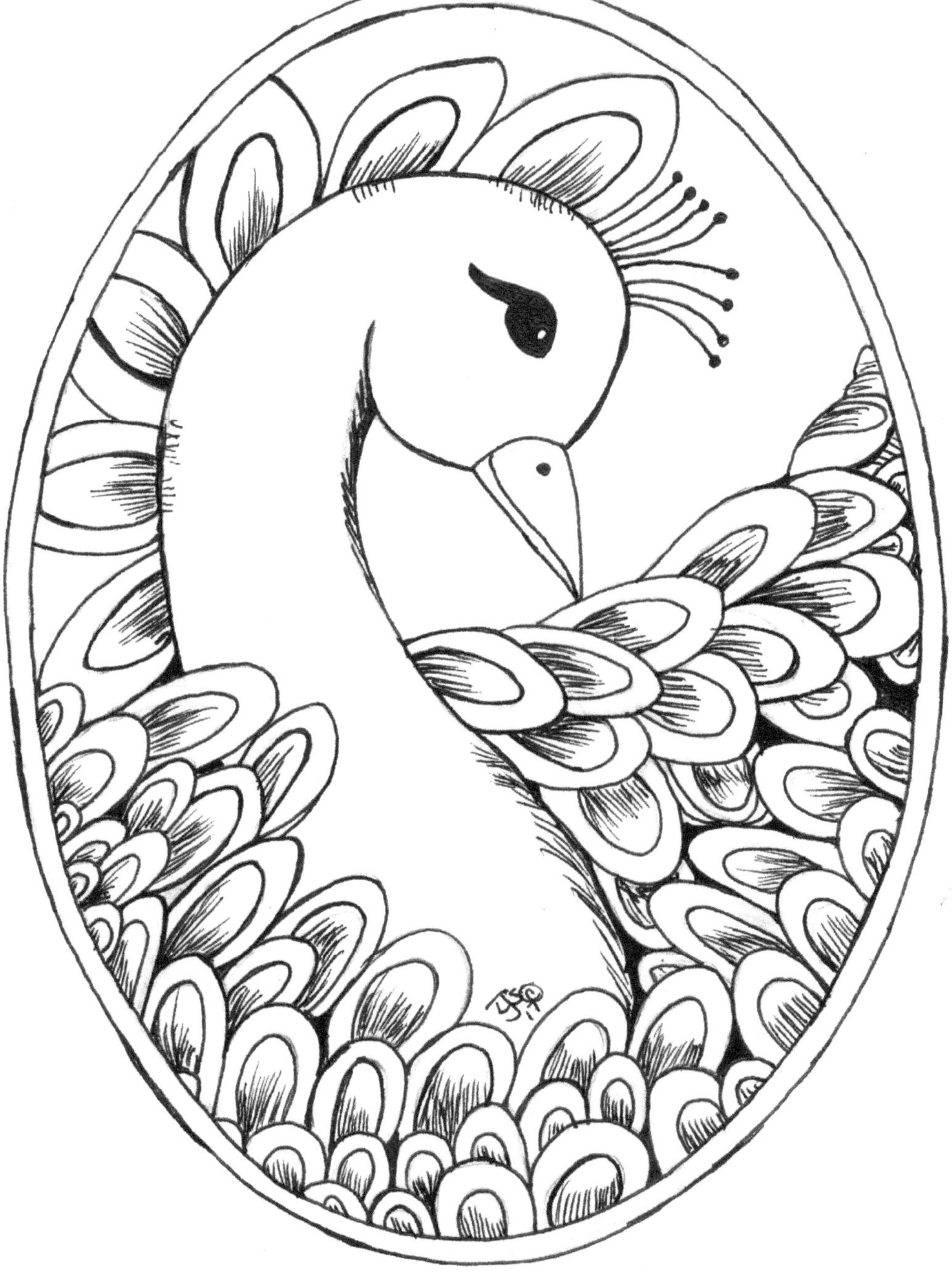

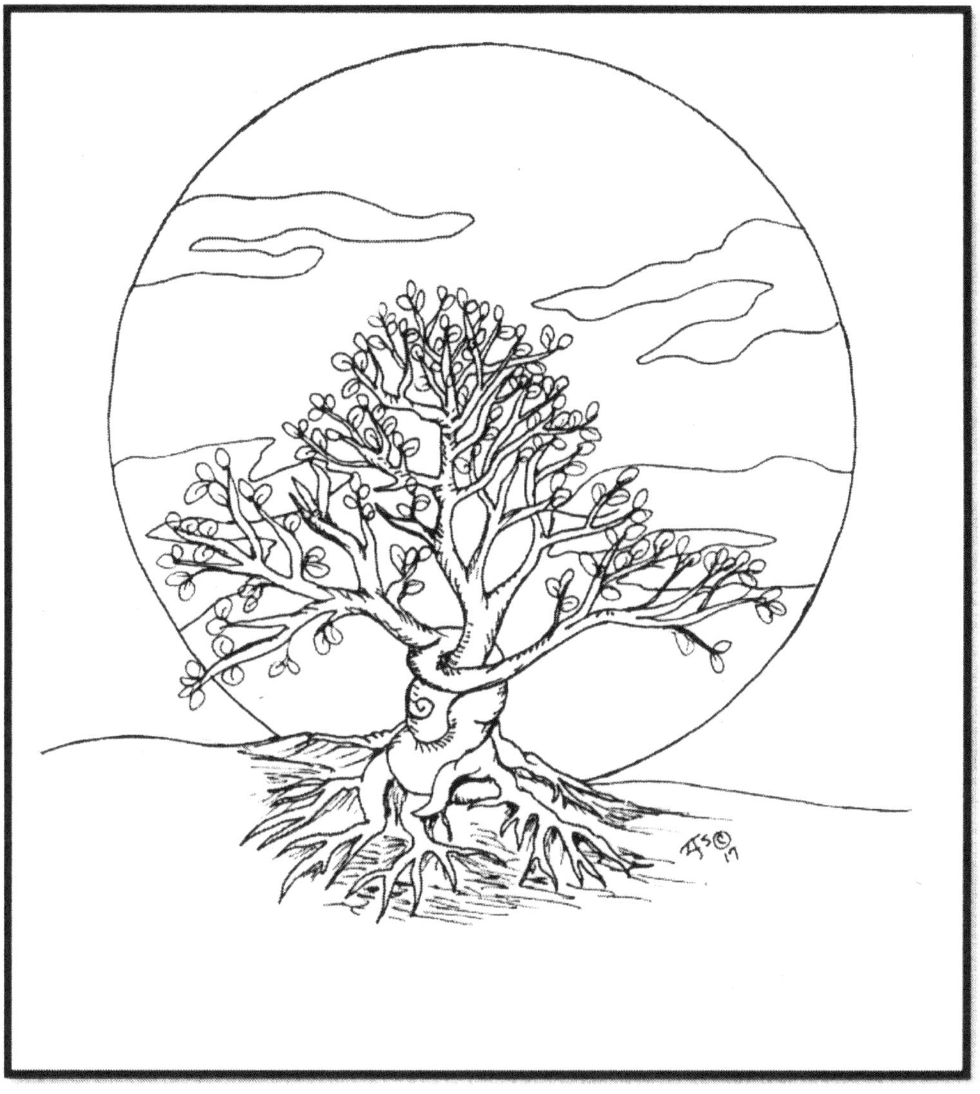

www.ingramcontent.com/pod-product-compliance
Lightning Source LLC
Chambersburg PA
CBHW050356180526
45159CB00005B/2037
* 9 7 8 1 5 3 9 8 2 2 8 0 6 *